ヤマケイ山学選書

中高年に贈るラクラク登山術

心と体にやさしい山歩きの始め方

石丸哲也／文
中尾雄吉／絵

ヤマケイ山学選書◉中高年に贈るラクラク登山術　目次

❸2000メートル近い高原に出かけてみよう

❻安全登山のために知っておきたいこと

❾中高年登山者のためのアドバイス

●カバーデザイン・カバーイラスト／小作博紀（ツクルトヒュッテ） 写真協力／渡邊怜

1

ようこそ山登りの世界へ

だれでも、いつからでも始められる山登り

なにごとも初めの一歩は不安なもの。山に登ってみたいと考えるビギナーの質問は大きく分けて3つあり、最も多いのが「私の体力でだいじょうぶ?」というものです。先に結論を言ってしまえば「だいじょうぶ」です。ふつうに歩いて生活しているのなら、山登りに必要な体力は十分です。

そうは言っても、ビギナー向きとされているハイキングでさえ、歩行時間(コースタイム)が2時間とか3時間とか書かれているのを見ると、不安になるかもしれません。しかし、案ずるより産むが易しで、実際に出かけてみると、意外に歩けてしまうものです。歩行時間はあくまでも目安で、その時間で歩かなければならないものではありません。心配なら、2時間のコースを4時間とか、倍の時間をかけるくらいの余裕あるスケジュールで計画しましょう。

それでも不安だったら、歩行時間が1時間など、より短く、楽なコー

富士山、南アルプス（右）の眺望が広がる石割山の稜線

スを選べばよいし、ケーブルカーやロープウェイを使える山を選びましょう。疲れたりした場合に、途中から下山できるようなコースを選ぶと、さらに安心です。

山では、高齢の方も元気に歩いている姿を目にしますが、これは特別なことではなく、だれにもできること。歩いてうちに体が慣れて、楽に、長い距離も歩けるようになります。さらに体力もつき、健康にもなって、長く山を楽しめるようにもなるのです。

はじめは特別な装備はいらない

体力の心配の次に多い質問が「どんな装備を揃えたらいいのでしょう?」というもの。登山用具店に行ったり、ウェブショップを見たりすると、びっくりするくらいたくさんの種類があるし、同じ種類の用具、たとえば靴でもいろいろなメーカーからさまざまな形のものが出されていて、価格もピンからキリまで幅広いので、迷うのも無理はありません。

また、それらの用具を一式揃えると、靴、ウェア、雨具、ザック、小物類など基本的なものだけでも10万円近い金額になってしまうのも悩むところです。当たり前ですが、登山用の用具は機能的につくられていて、疲労を抑え、危険を防げるように作られていますから、専用の用具を揃えるのがベストです。しかし、これからガンガン登山をしていこうと決めている人はともかく、ちょっとハイキングに行ってみようかという人には敷居が高く感じられるでしょう。

簡単なハイキングなら、用具をきっちり揃える必要はなく、ふだん使っているもので間に合うし、まずはそれで出かけてみよう、というのが私の基本的な考えです。もちろん、ふだんのものといっても、スーツにビジネスシューズ、アタッシュケースとかでは不向きなので、一定の条件を満たす必要はあります。2～4章で山のレベルに合わせて具体的に説明しますが、まずは装備もラクラク揃えて出かけましょう。

鳩待峠から尾瀬ヶ原へ、心癒されるような樹林の道をたどる

ちょっぴりの〝きつさ〟が山の楽しさの秘密

まず、山歩きはだれにでも楽しめるということを具体的に話しましょう。

さまざまな余暇活動の中で山歩きがどういうジャンルに属するかというと、スポーツとされることが多いです。しかし、一般的なスポーツのようなルール、たとえば決められた距離を一定の時間内に歩かねばならないというような決まりはありません。

体力に自信がないという人は、標準的な歩行時間で1～2時間の入門向き

八ヶ岳の展望を楽しみつつ硫黄岳へ

ハイキングコース、それでも心配なら30分程度のコースを選び、2倍、3倍の時間をかけて歩く計画で出かけるなどの選択もできます。自分の体力にあった歩き方をすることで、無理なく楽しめるのです。

そこで〝きつさ〟の話です。最初は入門向きコースでも息が切れたり、疲れたりできついこともあるかもしれません。しかし、ここが重要なのですが、そうした苦しさがあるからこそ、山頂に着いて目の前に開けた展望の感動、コースを歩き通したときの達成感がもたらされるのです。言いかえれば、まったく楽なだけでは充実感は得られません。たとえば頂上の展望も、自分の足で登ってきて眺めるのと、そこに車を横付けにして目にするのとでは感動の度合や質に雲泥の差があります。実のところ、山歩きのきつさとはネガティブな苦労ではなく、感動や充実感の源となる素敵なものなのです。

山は心も体も若返らせてくれる

山を始めた動機をみると、中高年の場合は「健康のため」という理由が若い世代に比べると顕著です。もともと、人生も折り返し点を過ぎれば、不調な点も出てきやすいところへ、さらに運動不足による成人病、メタボリックシンドロームなどへの不安も大きくなってきます。

健康のためというだけなら、自宅のまわりでのウォーキング、仕事帰りのジム通いなどでも目的を達せられます。「なぜ山なのか？」ほかの運動だと、健康のため義務的に行ないがちであるところが、山登りだと、それ自体が楽しく、好きなときに好きなペースで行なえて、長続きしやすく、知らず知らずのうちにダイエットや体力増進の効果が現われる特長があります。

よく聞く不安に、加齢による体力の低下もあります。しかし、加齢による衰えは急激に進むものではなく、運動不足で実際以上に低下して見える場合が多いもの。運動によって回復するとともに、低下を最小限に抑えることができます。それぞれの生活環境に合わせて、無理なく、高齢になっても続けられる山登りは健康の源ともいえます。

爽快な憩いのひととき（山梨・三窪高原）

　山が健康にしてくれるのは体だけではありません。現代の生活では、仕事でも、家庭でも、ストレスの原因がたくさんあります。溜まったストレスを解消する方法はいろいろありますが、山登りが優れているのは、そのときだけストレスを忘れさせてくれるのではなく、根本から解消してくれることにあります。その理由は、ひとことでいえば日常と違う体験ができることです。

　具体的には、体を動かし、いい汗をかく快感、自然の中で緑に癒されること、家や職場から離れる転地効果などがあげられます。ルートの判断、山で見聞きするものなどは、脳の働きを活性化させ、精神的な加齢や低下も回復、最小限におさえてくれる効果があるのです。

■山道ですれ違えないとき

前方から来る人と行き違うのに、道幅が狭くてすれ違えず、どちらかが道を空けなければならないときは、原則として登り優先。登りのほうがつらいはずなので道を譲るという気配りからで、ほかの登山者を思いやるマナーは素敵だ。しかし、あくまでも原則なので、下りの人の足場が悪く不安定なときなどは、下り切り、安定した場所ですれ違うのが安全だ。また、数十人の団体などで、単独や小人数のグループを次々に待たせて登る姿も見られるが、気配りという点では、登り下りに関係なく、大人数のパーティが譲るほうがいいように思う。こうしたパーティでは足が弱い人が混じって足並みがそろわないことも多いので、立ち止まることが多いと、その間に足並みがそろうメリットもある。登りの人の呼吸が乱れているようなら「急がずゆっくり登ってください」と声をかけてあげる。登りの人は、待たせるのが心苦しかったら「どうぞお先に」というなど、臨機応変に行動したい。譲られたら「ありがとうございます」と、ひとことお礼を言うのが礼儀だし、「どういたしまして。お気をつけて」などと返せば、おたがいに気持ちよい山歩きができる。

斜面でのすれ違いは、バランスを崩すとスリップにつながる。立ち止まるほうが山側に寄り、必要に応じて山側に身体を傾けると、谷側に空間が空くので、余裕を持ってすれ違える。立ち止まる側は、ザックやストックが登山道に張り出さないように注意したい。立ち止まるときは、極力、道からはみ出して植物を踏みつけたりしない配慮も重要だ。また、道のかたわらで食事や休憩をして、登山道に足や荷物がはみ出している人を見かけるが、登山道をふさがない配慮が必要だ。

2 ハイキングから始めてみよう

ロープウェイやケーブルカーがある山が安心

初めて山登りをするので心配という人は、ロープウェイやケーブルカーで登れたり、ドライブウェイが山の上まで達している山がおすすめ。山の上のほうまで交通機関を利用することで、苦しい登りを省けることが主な理由だが、こうした山は行楽地としても親しまれ、手ごろなハイキングコースが整備されていることが多いのもうれしいところ。一般的に、交通の便がよく、トイレ、指導標や案内図などの設備が整っているし、登山者が多いことも安心感につながる。ハイキングコースの情報も豊富で、計画も立てやすい。

行楽地の山ならハイキング以外の見どころがあることもメリットだ。たとえば山に出かける当日の天気予報が降水確率30%など微妙な場合の判断も、慣れないうちはむずかしい。雨が予想されたので中止したら晴れてきて悔しい思いをしたり、逆に、晴れていたのに山に近づくにつれて雲が広がり、雨が降ってきたりということもある。行楽地であれば、迷うようなときもとにかく出かけて、晴れれば予定どおりに歩き、雨なら途中の見どころまで散策するなど計画変更もしやすい。名物料

理の店に寄ったり、温泉でのんびりしたりするなど、臨機応変に楽しめるから、せっかくの休日を有意義に過ごせる。小さい子どもと出かける場合も、山だけでは興味を示さなくても、ロープウェイに乗れるとか、動物園があるとか話すと、喜んで一緒に来ることもある。

候補となる山だが、東京近郊だったら高尾山《たかおさん》がイチオシ。ほかに奥多摩《おくたま》の御岳山《みたけさん》、箱根の駒ヶ岳、茨城の筑波山《つくばさん》なども同様に楽しめるし、関西なら大阪・奈良県境の葛城山《かつらぎさん》、神戸の六甲山《ろっこうさん》などがある。一方、丹沢《たんざわ》の大山《おおやま》のように、ケーブルカーは中腹までで、ケーブル駅から山頂まで往復2時間以上かかる山、那須《なす》の茶臼岳《ちゃうすだけ》のような標高が高い山もあるので、山の選択には注意が必要だ。

ガイドブックだけは手に入れておこう

高尾山は、ミシュランの観光ガイドで三つ星の観光地に選ばれたことも手伝って、テレビでもよく取りあげられている。そのため、都心から近いにもかかわらず自然が豊かであること、ビギナーでも山歩きを楽しめることなどが広く認知され、最近では年間３００万人近い人が訪れるまでになっている。

一方、手軽さが強調されているため、いきなり高尾山へ来て、登山口で初めてコースの案内図とにらめっこしている人も目につく。しかし、どんなコースがあるのか、各コースはどのくらいの時間で歩けるのか、どのコースが自分に向いているかなどをチェックしてから出かけたい。その時期に咲いている花、注意点などの情報も頭に入れていけば万全だ。

登山の情報もインターネットなどで家にいながらにして手に入る時代だが、最初にガイドブックを手に入れておきたい。ネットの情報は便利だが、一方で断片的になりがちだったり、詳細な地図が得がたかったりする弱点がある。ガイドブックで基本的な情報を押さえ、必要に応じてネットや

高尾山を取り上げたガイドブックをまず手に入れよう

現地への問合せで補完するのがベストだ。

ガイドブックには、各登山コースの解説とともに、歩くためのアドバイス、地図、歩行時間や問合せ先などのデータがまとめられている。大きく分けて、奥多摩、北アルプスなど、エリアごとにまとめられたもの、温泉、花などのテーマごとにまとめられたものとがある。

また、高尾山、尾瀬、富士山など人気の高い山では、その山のムック（雑誌スタイルのガイドブック）も出ている。書店や図書館で手に取ってみて、自分が行きたい山が載っていて、解説がわかりやすいものを選ぶとよい。慣れてくると、エリアごとの登山地図で複数のコースを一度に閲覧できるなど、便利に使える。

初めての高尾山なら1号路がいちばん

東京近郊の人気ナンバーワンの山・高尾山を例に、ラクラク山登りをシミュレーションしてみよう。だれでもラクラク登れる、といわれても、最初は見当がつきにくいもの。本章では、どこからどのコースを登るのか、用具はなにを用意するか、季節や時間はいつがいいか、それぞれに解説しよう。

まず、アクセスとコースだが、高尾山には四方から通じているハイキングコースで、最も多く利用されるのが京王線高尾山口駅からのもの。新宿から1時間足らずで着けるうえ、駅を出たら、すぐハイキングコースに入れて便利だし、コースもよく整備されている。

コースは大きく分けて3コースがあるが、特にビギナーに人気が高いのがケーブルカー、リフトを利用できる1号路。ケーブルカー高尾山駅から高尾山山頂までゆっくり歩いても1時間足らず。コース中ほどに建つ古刹・薬王院への表参道でもあり、薬王院までは車も通れる舗装路（一般車は通行不可）、その先もしっかりした階段などで、山道は一部分なので、足もとの心配も少ない。要

高尾山口駅前の案内板。外国語の表記に人気がうかがわれる

所に茶店やトイレがあるのも安心だし、薬王院をはじめ、さる園・野草園、たこ杉などの見どころも多い。下りは同じ1号路なら30分ほどで下山でき、正味の歩行時間で1時間30分ほどあれば往復できる。

もう少し山登りらしいコースを、というのであれば、ケーブルカーの山麓駅がある清滝から沢沿いに登る6号路、その南側の稲荷山尾根コースがおすすめ。ともに登り1時間30分、下り1時間ほどで歩ける。ほとんどが山道で、茶店などはないかわり、自然度は高い。1号路を清滝から歩いて登るのも、1号路が通る尾根の途中から、上半部山腹につけられた4号路、3号路を組み合わせるのもよい。

ハイヒールで登る人もいるけれど

次に気になる装備だが、特別なものはなくても間に合う。行楽地という側面もあって、スカートにハンドバッグ、ハイヒールで頂上まで登っている人も見かけるほどだが、さすがに、そうした街歩きの出で立ちで登ることは避けたい。山を歩けるスタイルのほうが歩いていてラクだし、滑ったり、つまずいて転んだりする心配も少ない。

基本となる用具は、靴、ウェア（衣類）、雨具、食べものと飲みもの、地図・ガイドブックなど、ヘッドランプなどの小物類。そして、これらの荷物を背負うためのザックがハイキングの基本装備となる。ほかにも、財布・お金は必要だし、メモ用具も用意したい。人によってはストック、帽子、手袋、化粧用品、携帯電話、カメラなども必要だろう。

基本の装備の中でも重要なのは靴である。登山、ハイキングは基本的に山を歩く行為であり、山の路面は土や砂利、岩などの不整路だし、天候によってはぬかるむこと、凍結することもある。できれば、靴だけは軽登山靴、トレッキングシューズと呼ばれるものを最初から用意したいが、と

りあえず高尾山に登ってみたい、という程度なら、運動靴、ジョギングシューズなどでも充分に歩ける。山道でも足を傷めないよう、また、路面をしっかりグリップして安定して歩けるよう、靴底が厚めでトレッド（刻み）が深めのしっかりしたものがベターだ。軽登山靴については、次章（44ページ）でまた詳しくふれる。

ウェア、雨具、その他の小物類や季節の注意などは次のページで説明するが、あまりむずかしく考えなくていい。高尾山を甘く見るわけではないが、行程が短く、茶店や売店もあるので、多少の不足があっても問題ない。逆に、心配であれもこれもザックに詰め込み、荷物が重くなってバテてしまうことにも気をつけたい。

ウェアを普段着から選ぶコツ

ウェアは基本的に素材が綿より化学繊維で、できればドライ××などと名づけられた速乾性の製品を選びたい。綿は濡れると水分を含み、なおかつ乾きにくいので、汗をかくと不快なだけでなく、休憩時に汗が冷えて寒くなったり、雨で濡れると、より冷たく感じる。大きさは少しゆったりめか伸縮性があって、体の動きを妨げないものが適している。特にズボンはジーンズなどは避け、歩きやすいものを選びたい。

陽春から秋ごろまでは歩いていると暑く感じることもあるので、下着がわりに速乾性のTシャツを着ておくと、Tシャツ1枚で歩くこともでき、体温の調整に都合がよい。さらに秋から春は長袖のシャツなどのウェアや上着、晩秋から早春などはフリースなどの保温用ウェアを適宜、組み合わせる。風にさらされると寒く感じるので、保温用ウェアとともに、風を通さない上着（ジャケット）も必要だ。逆に初夏から秋口は汗をかくことが多いので、タオルを忘れずに。下着の替えも用意しておき、下山してから着替えると快適だ。雨具は、四季を通じてレインスーツ（上下式のカッパ）

を用意したい。登山用の雨具についても霧ヶ峰の項で解説するが、上下で2万円前後と高価。とりあえず高尾山用なら、携帯用のビニールの雨ガッパでも用は足りる。

食べものは、ハイキングならお弁当の感覚で用意すれば十分。ただし、山では休憩のつど、少しずつ食べたり、雨でゆっくり食事できなかったりすることもあるので、折り詰めの弁当より、小分けして食べられるパン、おにぎりなどが向く。さらに菓子類なども少し持っていくとよい。飲みものは水でいいが、寒い時期はポットに入れたお茶、汗をかきやすい時期はスポーツドリンクを併用するとよい。茶店や水道がある1号路の往復でも、目安として、おやつ程度の食べもの、500ミリリットルのペットボトル1本くらいの飲みものは持っていこう。6号路や稲荷山尾根など施設がないコースなら、必要な量の食べものと1～2リットル程度の飲みものも用意したい。

小物類では、万一、日が暮れたときのためのヘッドランプか懐中電灯と予備の電池、救急絆創膏や鎮痛剤、常備薬などの薬品類、ちり紙などを用意したい。巻末のチェックリストを活用すると、忘れものを防げる。荷物はザックに入れて背負うのが最もラクだし、両手を空けて歩けるので安全でもある。ザックは、荷物が大きく、重くなると造りの善し悪しで疲労度が変わってくるが、高尾山ていどなら神経質になる必要はなく、背負いやすければタウン用のものでも代用できる。

バテない歩き方の秘訣をマスターしよう

街でちょっと階段を登るだけでも息が切れてしまう。山道で、自分は息が切れているのに、自分より体力がなさそうな人たちが涼しい顔をして歩いていた……。ビギナーの方たちからは、そんな声をよく聞く。しかし、歩いているうちに、身体が慣れ、最初のころの苦労がウソのように、ラクに歩けるようになってくる。具体的には、歩き方、エネルギー配分、歩くペースの3つが重要だ。

疲れない歩き方の基本は省エネとバランス。ポイントは小幅で、足裏全体を使うように歩くことだ。山では、ふだんの生活より、大腿四頭筋と下腿三頭筋を多用する。小股で歩くことは省エネとともに、これらの筋肉への負担を減らし、疲労やけいれんも防ぐ。小股は重心移動をスムーズにして、バランスを保つための筋力を最小限に抑えてもくれる。日常の歩行とは異なり、後足をつま先で蹴り出したり、前足をかかとから着いたりすることなく、足裏全体を地面に着けるようにして、なるべく足を高く上げないで歩く（106ページ参照）。特に斜面ではスリップしにくく、バランス保持の筋力節約に役立つ。エネルギー配分とペースについては52ページで。

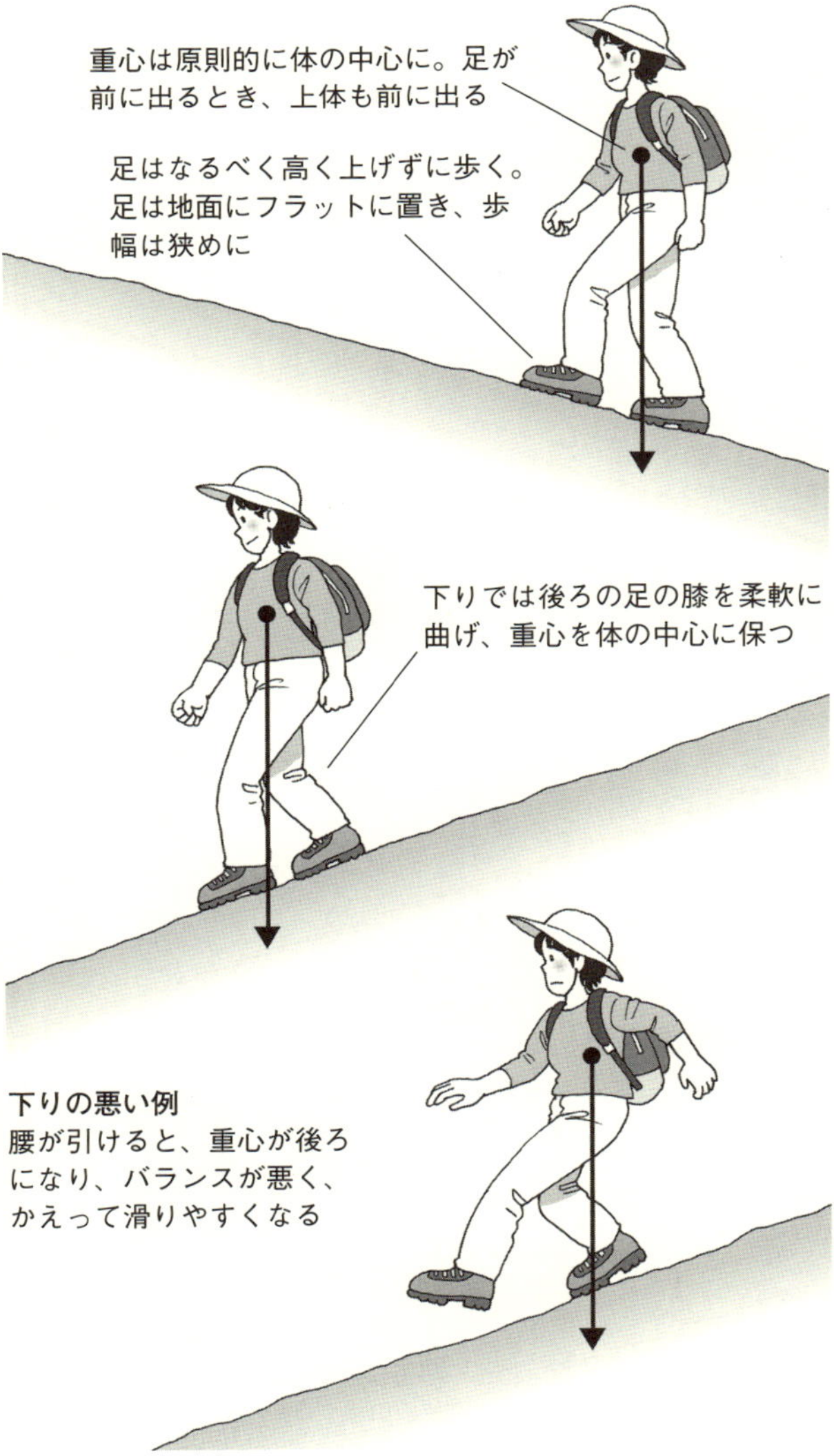
重心は原則的に体の中心に。足が前に出るとき、上体も前に出る
足はなるべく高く上げずに歩く。足は地面にフラットに置き、歩幅は狭めに
下りでは後ろの足の膝を柔軟に曲げ、重心を体の中心に保つ
下りの悪い例
腰が引けると、重心が後ろになり、バランスが悪く、かえって滑りやすくなる

モデルプラン①　高尾山で初めての山歩き

高尾山のさまざまなコースの中から、ビギナーにも無理がなく、アクセスがよい高尾山口駅起終点のものを紹介しよう。

1年を通じて歩け、新緑の4～5月、紅葉の11月中～下旬が最も人気が高い。山頂の東京都高尾ビジターセンターは入場無料で、高尾山を解説する展示やミニガイドツアーがあり、ハイキングの相談にも応じてくれるので、ぜひ利用したい。

■コース1　入門コースの1号路

最もポピュラーな1号路がメイン。ケーブルカーを利用して高尾山駅からの往復なら1時間あまり。薬王院までは舗装路で、最もラクに登れる。行楽客の利用も多いコースで、茶店が並び、見どころも多い。

帰りは吊橋がある北面の4号路か、南面の3号路を下るのもよい。ともに高尾山山頂から高尾山駅まで1時間ほど。清滝駅～高尾山口駅も歩くと登り50分、下り35分ほど。

歩きやすい１号路は行楽客も多い

賑やかな高尾山山頂

■コース2　涼やかな谷沿いを歩く6号路

水に親しんで歩くコース。清滝駅の左手の沢沿

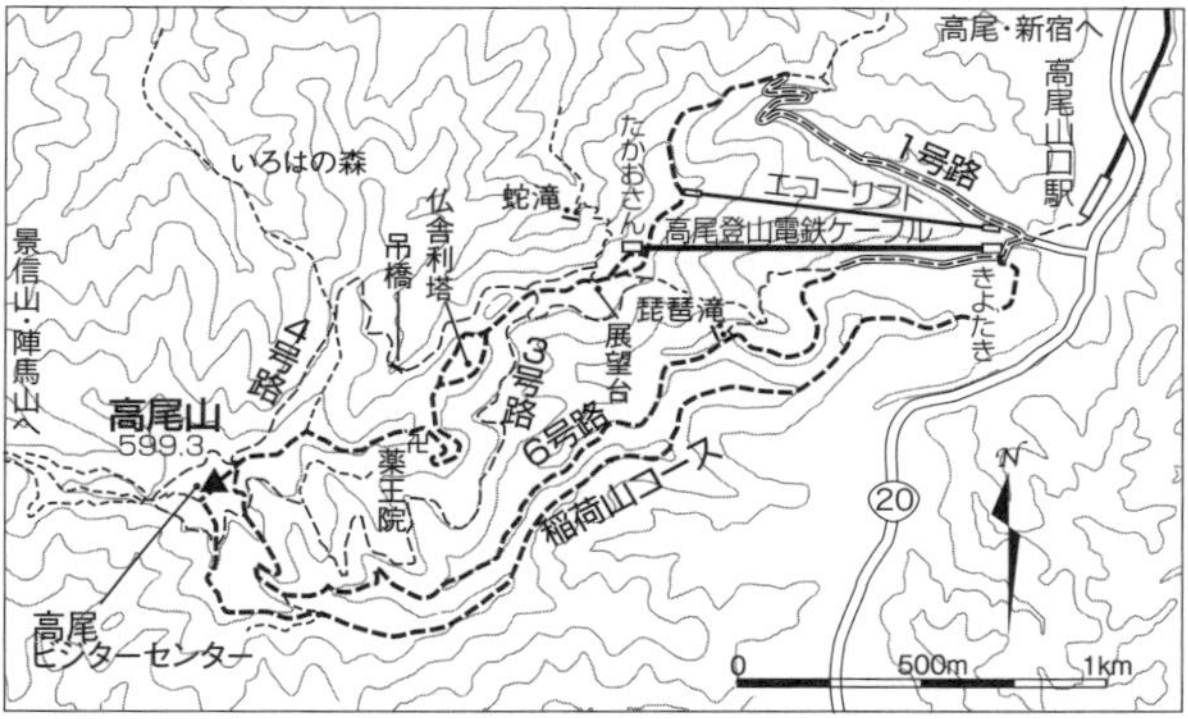

■コース1　京王高尾線高尾山口駅(5分)清滝駅(ケーブルカー6分)高尾山駅(25分)薬王院(20分)高尾山(40分)高尾山口駅／歩行時間計1時間25分

■コース2　高尾山口駅(5分)清滝駅(20分)琵琶滝(50分)高尾山(40分)高尾山口駅／歩行時間計1時間55分

■コース3　高尾山口駅(5分)清滝駅(40分)稲荷山(30分)高尾山(40分)高尾山口駅／歩行時間計1時間55分

■問い合わせ先　高尾ビジターセンター☎042-664-7872

＊参考歩行時間には休憩を含みません。4号路は2010年8月現在、工事中で通行止めです。

いに6号路を登っていく。1号路が通る尾根と稲荷山尾根の間の谷沿いで夏も比較的涼しく、新緑や紅葉の時期もよい。

　沢沿いの部分はなだらかだが、最後は頂上まで階段が続く。混みあう時期は登りの一方通行になる。途中の琵琶滝は薬王院の水行場になっている。

■コース3　登山気分の稲荷山尾根

　最も山道らしい稲荷山尾根から登るコース。清滝駅左手から沢を渡って山道に入る。山頂まで茶店などはなく、登山の気分はいちばんだ。途中、展望地もあり、特に稲荷山の休憩舎からは関東平野が開けて見える。どちらかといえば秋から春向き。

まだまだある、全国のラクラクコース

■北海道・東北

北海道・東北とも関東などより気温が低く、雪も多いので、シーズンはゴールデンウィーク～秋ごろが一般的。ともにロープウェイなどがある山は高山がほとんどだが、北海道では札幌市の藻岩《もいわ》山《やま》（531メートル）は標高が低く、交通の便がよくて、行程も手軽で貴重な存在。ロープウェイは山頂近くまで達しているので、登りをロープウェイ、下りを徒歩としても1時間あまりのショートコースで楽しめる。

東北も高山がほとんどだが、春や秋は山野草の花、新緑や紅葉を楽しめる里山が無数にある。高山もロープウェイやドライブウェイで山頂近くまで登れる岩手・秋田県境の八幡平《はちまんたい》（1614メートル）、山形蔵王の地蔵山（1660メートル）、福島県安達太良山《あだたらやま》の薬師岳（約1350メートル）などに登り、山頂付近を散策するなら手軽だが、ゴールデンウィークごろも残雪があるので注意を。さらに足をのばせるコースもあるが、夏の高原ハイキングに適するので、霧ヶ峰の章で紹介する。

■関東

首都圏では高尾山に次いで人気が高いのが東京都奥多摩の御岳山《みたけさん》（939メートル）。創建が2000年以上昔という武蔵御嶽神社が鎮座する山頂までケーブルカー御岳山駅から往復2時間弱。途中、信仰登山で賑わった山上集落が続き、食事処や民宿が並ぶ。春のカタクリ、夏のレンゲショウマなど山野草も多い。周遊1時間30分ほどの奥御岳渓谷まで足をのばせば、都内と思えない苔むした谷に新緑や紅葉が映え、夏も涼しく歩くことができる。

　手軽なハイキングコースが豊富な埼玉県でおすすめは宝登山《ほとさん》（497メートル）。ロープウェイを使わなくても2時間ほどで登れて、山頂付近に小動物園もあるので家族連れの行楽客も目立つ。人気が高いのは山頂直下のロウバイ園が見ごろとなる2月ごろ。その後も梅やツツジが咲き、新緑や紅葉もいい。

　神奈川県では箱根の駒ヶ岳（1356メートル）がイチオシ。台地状に広がる山頂の一角までロープウェイで登れて、眼下の芦ノ湖や富士山の眺めもすばらしい。山頂一帯の散策だけでも楽しめるが、箱根の最高峰・神山（1438メートル）を往復するか、大涌谷へ下山もよい。所要1

札幌市街に接し、自然豊かな藻岩山

都内と思えない山深さの奥御岳渓谷

ロープウェイで登れる箱根・駒ヶ岳

時間30分~2時間30分。ただし、部分的に急なところがあり、冬は不向き。神奈川では、丹沢の大山にもケーブルカーがある。ケーブル山頂駅から山頂まで標高差が３００メートル近くあるので、往復でも2時間30分ほどかかり、やや山慣れた人向きだが、それだけに登頂時の達成感は高い。

北関東にはケーブルカーで登れる低山はないが、栃木市と大平町にまたがる太平山《おおひらさん》(３４３メートル)は山頂まで20分ほどの謙信平まで車で登れるし、歩いて登っても東武日光線新大平下駅、JR両毛線大平下駅から標高差２２０メートル、往復2時間足らず。アクセスの便がいいのもうれしい。関東平野の北端に接して、謙信平などで展望が楽しめるのも魅力。低山なので新緑の春、紅葉の秋が最適だが、麓に広がるブドウ園団地でブドウ狩りがシーズンとなる晩夏から初秋も楽しい。

茨城県では、低山ながら日本百名山にも選定された筑波山《つくばさん》(８９９メートル)が最適。ケーブルカーかロープウェイを利用すれば、男体山と女体山に分かれた山頂部を1時間足らずで周回でき、茶店も利用できる。やはり、春と秋がいいが、夏もケーブルカーなどで登れば汗をかかされることは少ないし、登山口近くのホテルなどの温泉で日

田園風景と太平山から晃石山の山並

雷ノ峰尾根の見晴台から大山を見上げる

帰り入浴し、サッパリして帰ることもできる。冬は一部、凍結することがあるので事前に確認を。

千葉県では鋸歯状の岩峰が印象的な鋸山《のこぎりやま》（330メートル）にロープウェイとドライブウェイがあり、登山道を周回しても1時間ほど。JR内房線浜金谷駅から往復しても2時間ほどの行程だ。岩峰は石切場跡の断崖をそそり立たせ、その上に張り出した展望台に立てば東京湾から富士山まで見渡せる。南面に広がる日本寺の東海千五百羅漢、大仏などの石仏群は必見。帰りに新鮮な海の幸に舌つづみを打てるのは房総ならではの楽しみだ。適期は秋から春だが、夏はロープウェイ駅にビアガーデンが開設されるのは左党には見逃せない。

断崖にせり出す鋸山の展望台

日本海や佐渡を見渡せる弥彦山山頂広場

■甲信越

標高が高かったり、豪雪地だったりでロープウェイなどで楽しめる低山が少ないエリアである。その中で、新潟の弥彦山《やひこやま》（638メートル）はロープウェイ、ドライブウェイがあり、歩いて登るコースも豊富で、弥彦神社を祀る霊山でもある。冬期は積雪で不可だが、春は3月下旬ごろから歩くことができ、ユキワリソウ（オオミスミソウ）、カタクリなどの花に彩られる。その後の新緑、秋の紅葉も美しく、弥彦神社で開催される菊花展もみごとだ。麓に岩村温泉など湯どころが豊富なのもうれしい。山頂駅から往復30分ほど。歩いて下る場合は最短で1時間30分。コースによっては山慣れた人向きだが、花を楽しむには歩くのがおすすめ。

山梨県では甲府市の弥三郎岳《やさぶろうだけ》をロープウェイで往復し、その下の昇仙峡遊歩道を歩くのが手ごろ。弥三郎岳では富士山や南アルプスのパノラマが待っているし、昇仙峡では白く輝く花崗岩の巨岩と青緑の淵とのコントラストが美しい。やはり初夏の新緑、秋の紅葉がベストシーズンだが、四季を通じて歩ける。藤城清治らの作品を展示する影絵の森美術館などの見どころもあり、観光地でもあるだけに食事処や土産物店は多い。

高山が連なる長野県も、霧ヶ峰など季節と天候に留意すればハイキング感覚で楽しめる中級山岳に恵まれているが、霧ヶ峰の章で解説するので、そちらを参照されたい。

■東海・関西

東海地方では伊豆の葛城山《かつらぎやま》（４５２メートル）が手軽。山頂直下までロープウェイで登れて、駿河湾と富士山、南アルプスのパノラマがすばらしい。ロープウェイで往復だと歩くところがないので、下りを歩くのがおすすめ。大半が車道で、特に困難なところはなく、1時間あまりで伊豆長岡温泉まで下れる。四季を通じて歩けるが、春の新緑、初夏のツツジ、秋の新緑が人気。季節によってミカン、イチゴなどのフルーツ狩りも楽しめる。

中京方面は三重県、鈴鹿の御在所岳（１２１０メートル）が人気。湯の山温泉からロープウェイに乗れば、山上公園駅から30分ほどで、山頂を往復できる。ハイキングにはツツジと新緑の春、紅葉の秋がベストだが、往復ロープウェイなら四季を通じて親しめ、冬は霧氷に出会える幸運もある。花崗岩の奇岩や展望も魅力。歩いて下ると2時間ほどかかり、山慣れた人向きとなる。

　大阪、奈良、京都、兵庫の都市圏はハイキング向きの低山が豊富だが、ロープウェイで登るなら、奈良県御所《ごせ》市と大阪の府県境に頭をもたげる葛城《かつらぎ》山《さん》、兵庫県西六甲の摩耶山《まやさん》を推薦したい。葛城山（955メートル）は御所市側にロープウェイがあり、葛城山上駅から山頂まで20分ほど。春のカタクリとツツジは特に人気が高い。山岳修験道の祖・役行者《えんのぎょうじゃ》の生地、修行の地であることも興味深い。歩いて下ることもでき、山頂から葛城登山口駅まで1時間30分ほど。冬期は積雪や凍結に注意しよう。

弥三郎岳山頂からの富士山

高原状の葛城山山頂から金剛山を眺める

　摩耶山（702メートル）はケーブルカーとロープウェイを乗り継いで山頂直下の掬星台《きくせいだい》まで登れるし、マイカーも近くまで登れる。掬星台からの展望は神戸港の眺めが素晴らしく、夜景スポットとしても人気。歩いて下る道は多いが、最短なら行者茶屋跡コースなどが1時間30分ほど。おすすめは、新神戸駅まで3時間ほどかかるが、穂高湖に下り、トエンティクロスと呼ばれる沢沿いの道を通るコース。フィナーレを飾る布引ノ滝は4段に水を落とし、最大の雄滝は43メートルもあって圧巻だ。

■中国・四国、九州

中国・四国地方でおすすめしたいのは島根県の三瓶山《さんべさん》（1102メートル）。標高こそ高くはないが、国引き神話にも登場し、西行に「佐比売《さひめ》が嶽」として歌に詠まれるなどの歴史を秘め、展望もよい。室ノ内と呼ばれる火口跡を囲んで主峰の男三瓶山、女三瓶山（953メートル）、子三瓶山、孫三瓶山のピークが連なるのも珍しい。ハイキングは春～秋に運行されるリフトを利用し、終点から20分ほどで女三瓶山頂に立てる。山慣れた人なら一周して男三瓶などの縦走もできるが、3～4時間ほどかかる。スキー場もある積雪地で冬は雪山となる。

九州のいちばん人気は阿蘇山。仙酔峡ロープウェイを利用すれば、山上の火口東駅から阿蘇五岳の最高峰・高岳（1592メートル）まで往復2時間足らずで登れる。ただし、岩や砂礫の荒れ地を登り下りするので、足ごしらえはしっかりと。天候が思わしくないときなどは無理せず、火口東駅上の展望台で引き返して、山麓の阿蘇山東駅まで遊歩道を1時間ほど歩いて下るとよいだろう。春から秋がシーズンで、ミヤマキリシマが咲く5月はとりわけにぎわう。

噴煙を上げる阿蘇山火口を見下ろす

③

2000メートル近い高原に出かけてみよう

標高が高くてもラクラク登れる山

近郊の低山からステップアップして、もっと高い山に登りたくなったら、標高千数百メートルから2000メートルくらいの高原がおすすめ。理由は、高尾山などと同様、ロープウェイやドライブウェイでラクラク登れる山が多い、山小屋などの施設も整っているところが多い、危険な岩場や急斜面の心配が少ないなどだ。魅力としては、高山植物がきれい、山岳展望がすばらしいなどがある。

一方、低山とは勝手が異なることもある。最たるものは気温で、標高が100メートル上がるごとに夏で0・65度C下がるとされ、1500メートルの場合で平地より9度C低いことになる。実際、低山で緑が鮮やかなゴールデンウィークごろは、まだ芽吹きが始まるかどうかというくらい。秋は9月末~10月上旬ごろに紅葉がピークとなり、初霜や初雪が見られることもある。そのぶん、夏でも涼しく、高山植物が咲き乱れて、近郊の山が蒸し暑い時期も快適。低山にない花や景観があなたをとりこにして、山の世界を広げてくれ、夏のアルプス縦走など、さらなるステップアップも視野に入ってくるはず。霧ヶ峰と尾瀬を例に、高原ハイキングのハウツーを紹介していこう。

よい靴選びがラクラク・安全登山に直結

靴のよし悪しで疲れや歩きやすさ、ひいては安全性が断然違う。ハイキングから一般的な登山まで、オールラウンドにこなしてくれるのが軽登山靴（トレッキングシューズとも呼ぶ）。底（ソール）は厚く、堅めで、深い溝が刻まれており、石が転がっていたり、滑りやすかったりする山道でも、しっかり路面をグリップして、スリップしにくく、安心して歩けるとともに、痛めがちなつま先や足裏もしっかり保護してくれる。靴本体（アッパー）の素材は布かソフトレザー製で、足にフィットしやすいものが一般的。形は、足首まで高さがあるハイカットのものが定番だ。ハイカットなら、足首まで保護してくれて、足場が悪いところでも安定した姿勢を保ちやすく、捻挫などしにくい。上記の要求を満たして、なるべく軽いものを選ぶと、よりラクに歩ける。雨具（48ページ）で説明するゴアテックスなど、透湿性防水素材を使っていればベストだ。

価格は1万円台後半から2万円台くらいのもので十分。高価なほうがよいだろうと、冬山などで使う、厚革や樹脂製の重登山靴を買ってしまう人がたまにいるが、重く、足にもフィットしづら

トレッキングシューズはしっかり地面をとらえて足を支えてくれる

いなど、ハイキングや無雪期の登山には不向きだ。一方、ディスカウントショップで激安品を見ることもあるが、似て非なるもので、安物買いの銭失いになる可能性が高い。

購入するときに大切なのが自分の足にフィットするかどうか。登山用の靴下を履いて、少し余裕があるくらいがよいが、最初は見当がつきにくい。靴のサイズや足入れ感もメーカーによって微妙に異なる。信頼できる登山用具店で、登りたい山なども伝えて、合う靴を選んでもらい、試し履きして買うと間違いない。近くに店がない場合は、通販でも、購入の相談に乗ってくれる専門店を選ぼう。外反拇指など、足に癖がある人は中敷き（インソール）もあわせて購入するとよい。

ストックは年齢を問わず必須アイテム

「ストックは年をとって歩けなくなってきてから」と考える人も目にするが、私は若いうちからストックを常用することを勧めている。常用すると、バランス感覚が悪くなるのでは？　筋力が落ちてしまうのでは？　といった意見もあるが、足腰への負担を減らしてくれること、バランス保持に有効で、転倒やスリップの危険性が格段に減ることが理由だ。

足腰への負担減は、腰痛や膝痛を訴える人のトラブルを解消してくれるだけではない。自覚症状がない人でも、知らず知らずに蓄積された負担が高年齢になってから障害として表われる可能性を低減することができる。関節だけでなく、疲労の蓄積による腱の腫れなどのトラブルも防げる。

バランス保持のメリットについては、ストックなしの二足歩行だと片足立ち、1点支持の瞬間が必ずあるが、ストックを使えば片足を含めて2点か3点支持で歩けることといえば、たやすく想像がつくだろう。詳しくはイラストで説明するが、シングルよりダブルで使用し、グリップはT型よりI型を選ぶと、より効果的だ。

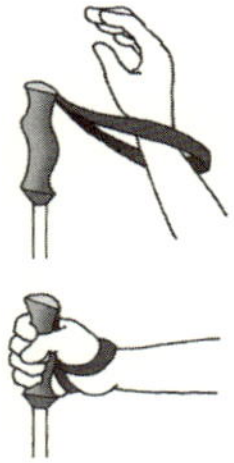

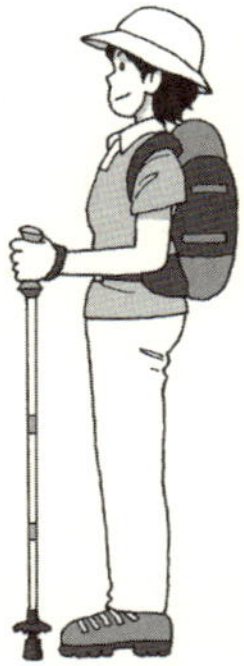

長さの調節＝ストックの長さは、地面に突いて肘が直角になるくらいが標準。登りは短め、下りは長めに調節する

地面を傷つけないように、石突にはプロテクターをつけよう

握りかた＝ストックのストラップに下から手を入れ、グリップとストラップを一緒に握ると安定する

ストックの突きかた＝ふだん歩くときと同様に、軽く手を振りながら、前の足より少し先に反対側の手のストックを突く。リズミカルに歩くこと。

　平地では、後ろのストックを軽く押し出すように突くと推進力が得られる

登り下りの段差があるところでは、ストックを２本とも突くと安定して歩くことができる

雨が降ったら傘をさして歩くの？

結論からいうと傘は不向き。ジャケットとズボンがセットになったレインスーツが基本となる。傘が不向きなのは、片手がふさがるので、万一、スリップした場合などに対処できず危険、山の雨は風をともなうことが多く、横殴りの雨など対処できない、近くにいる人の目を突いてしまう危険性がある、などが理由だ。そうした心配がない林道歩きなどでは傘も使える。

レインスーツは、防水性が大切なのはいうまでもないが、山登りでは発汗量が多いし、雨の日は湿度が高いので蒸れやすく、透湿性、つまり発汗による蒸れを外に出す性能もあわせもつ製品を選ぶ必要がある。ゴアテックスなどの透湿性防水素材を使用した雨具は上下で2万円前後と高価だが、素材の微細な穴が水滴はシャットアウトし、蒸れは外へ出すという、一見、相反する特長を備える。快適なだけでなく、インナーのウェアを汗で濡らすことが少ないので、夏山でも起こりうる、体温低下による事故を防ぐにも有効だし、防風用のウェアとして使うこともでき、価格以上の価値をもつといえる。

透湿性防水素材は微細な穴が空いたフィルムで水蒸気は通すが水は通さない

しかし、透湿といっても、素通しであるわけではないし、レインスーツを着れば、1枚多くウェアを着ることになる。発汗量も増えるので、ムレは発生する。雨具を着るときに、ウェアを1枚脱ぐ、霧雨程度なら上着のファスナーは開けておくか、ボタンのみとめるなどの工夫で、より快適に歩けることも覚えておきたい。また、雨具は汚れたままにしておくと性能が落ちるので、帰ってからの手入れも怠らないこと。汚れがひどい場合は手洗いし、専用の撥水スプレーを使用する。

雨のときはザックの中身を濡らさないために、レインスーツとともにザックカバーを併用するとよい。着替えなどはさらにビニール袋などに入れておこう。

コンロとクッカーでお手軽クッキング

頂上で温かい料理を作って楽しそうに食べている人を見ると、うらやましく、自分もやってみたい、と思うもの。以前、主流だったガソリンや石油のコンロ（最近は英語でストーブともいう）は不便だったが、現在、主流のガスコンロなら、扱いが簡単だし、小型軽量でラクラク持ち歩けて、敷居は低い。バーナー（火口）をガスカートリッジにねじ込んで、バルブを開いて点火するだけ。その点火も、ほとんどの製品に点火装置（イグナイター）が内蔵されていて手軽だ。コンロの種類はいろいろあるが、個人で使うならコンパクトで軽量なことを優先して選ぶとよい。次に、キロカロリーで表示される最大出力も考慮しよう。コンロは100グラム強で実売8000円ぐらいから、カートリッジは小型の110タイプが200グラムぐらい、400円前後というところ。燃焼時間はコンロによって違うがおよそ1時間だ。

クッカー（コッヘル）は軽さを重視するならチタン製だが、お茶やコーヒーを淹れたり、カップ麺のお湯を沸かす程度なら、1リットル未満の小型のもので十分で、素材による重量の違いもそれ

軽量コンパクトなガスコンロとクッカーは休憩や食事で活躍

ほど気にする必要はないだろう。コンロやカートリッジを収納できるサイズのものを選ぶと、よりコンパクトにまとまる。

なお、カートリッジはガスの種類が複数あり、ノーマルのものは0度C以下になると気化せず、気化しても火力が落ちる場合がある。寒い時期は寒冷地用のカートリッジを選ぶことをお忘れなく。

ランチメニューとしてはカップ麺が圧倒的に人気だが、そのままでなく、薬味や野菜を用意したり、天ぷら、チャーシュー、餅などを加えれば、ぐっとリッチになる。また、コンロやカートリッジをクッカーの中に直接、入れると、歩いている時にガタついて、クッカーを傷つけることがあるので、ビニール袋などに入れて収納するとよい。

ペース配分とウェアの調整

爽やかな高原歩きだが、なるべく疲れないためには、高尾山の章で学んだ歩き方とともに、歩くペースやエネルギー配分にも注意しておきたい。

ペースは、意識して、ゆっくりすぎるくらいを心がけるとよい。特に歩き始めで、身体が慣れないうちはなおさら。ただ、ゆっくりといっても、個人の体力や体調、登山道の傾斜や歩きやすさ、荷物の重さなどで変わってくるので、時速何キロというように明確に決まっているわけではない。目安は呼吸数で、息が激しく切れず、話ができる程度と覚えるとわかりやすい。ペースは、なるべく一定に保つほうが疲れにくい。1時間に5〜10分ていどの休憩をとるのが標準的だが、歩き始めで苦しいときなどは、早めに休憩をとる、逆に体調がよく、もう少し歩けば展望がよいところに出るといったときは長めに歩いてもよいので、体調を把握しながら、臨機応変に行動しよう。

次にエネルギー配分だが、登りより下りのほうがたいへん、という声をよく聞く。下りでは、モモやふくらはぎの筋肉の負担がより大きい上、登りで力をあらかた使ってしまい、疲労した状態で

1時間に10分くらいが休憩の基本。水分補給やウェア調節も

下っている場合も多い。登りで使うのは体力の半分以下、頂上ではまだ余裕たっぷりが理想。アミノ酸などのサプリメントを併用すると、より有効だ（102ページ参照）。これらの知識を頭に入れれば、よりラクに山を登れるようになるはずだ。

歩いている時はウェアの調節にも注意しよう。特に歩き始めは登りで汗をかきがち。10〜15分くらい歩いたところで、暑くない程度にウェアを脱いでおこう。逆に、休憩時には汗が冷えて体を冷やさないよう、1枚はおって、出発直前にまた脱ぐとよい。脱ぎ着がしやすいよう、下着を兼ねたTシャツなどのインナー、登山用シャツやソフトシェル、アウターの重ね着（レイヤード）で山行に臨むとよい。

ザック選びとパッキング法でラクラク歩ける

ザックの容量は日帰りなら25リットル前後が使い勝手のよいサイズだが、メーカーによって実際の容量が多少、異なる。背負い心地やフィット感で、同じ荷物が軽くも重くも感じられ、疲労度も異なるので、靴と同様、専門店で実物を見て、相談しながら購入できるとベター。また、同じ25リットル程度でも、ザック本体の重量が800グラム程度から1・5キロ程度まで幅があるのにも注意を。もちろん、背負い心地に難がなければ、軽いほうがよい。

ザックに荷物を詰める（パッキング）にもコツがある。パッキングの原則は、重心が肩の下あたりで、なるべく背中に近くなるようにすること。そのためには、着替えなど軽いものは下のほうに、水筒など重めのものは上のほうで、背中に近くなるよう詰めるとよい。パッキングは、単純に上から詰めていくと、全体がゴロゴロして、背負い心地が悪くなりがちなので、横に広げるように。小さなもの、形が不定形な着替えなどを隙間に詰めるようにしていくと、デコボコせず、整った形にパッキングできる。ただし、使う率が高いものは上のほう、小さいものなら雨蓋のポケットなどに

パッキングの原則は軽いものが底、重いものが上だが、よく使うもの、すぐ出す必要があるものは上のほうに。小物は雨蓋に入れるとよい

しまう。雨具もふだんは下のほうでもよいが、雨が予想されるときは上のほうに入れておく。山の雨は急に降り出すので、雨具を取り出すのに手間取ると、その間に、自分も、ほかの荷物も濡れてしまう。ヘッドランプも、使うことが予想されたら、暗くなってから手探りで探したりしなくて済むように、すぐ出せるところに入れておく。カメラやメモ用具など、ひんぱんに使うものは、小型のショルダーポーチかウェストポーチに入れておくとよい。

ヘッドランプや替え電池、救急薬品、保険証のコピーなど、常に山に持って行く小物類は小ぶりのスタッフバッグなどにひとまとめにしておくと、整理しやすく、忘れていくことも避けられる。

ガイドブックや地図にも慣れていこう

同じ山を登るにも、主体的に取り組めば、感動や充実感はより大きなものになる。特に最初のうちは不安があったり、わからないことが多かったりで、知人についていく場合などが多いと思う。その場合も、連れていってもらうのではなく、一緒に行く、という気持ちを持てればベターだ。大切なのは予習と復習。出かける前には、山やコースを下調べしたり、装備を工夫したり、予習をしておくと、より安心だし、途中の展望や史跡などのポイントを見逃したりすることも少なくなる。予習したことを思い出し、チェックしながら歩くことは安全登山にもつながる。帰ってから、山行を振り返りながら、記録や写真を整理して、日記などにまとめれば、復習にもなり、山をより深く楽しむことができる。

そうしたときに使いこなしたいのがガイドブック。高尾山の章でもふれたが、目的の山やコースの概念、コースの様子や注意点などが記され、コースタイム、アドバイス、問い合わせ先などのデータ、地図、写真などとともにまとめられている。地図は、国土交通省国土地理院発行の

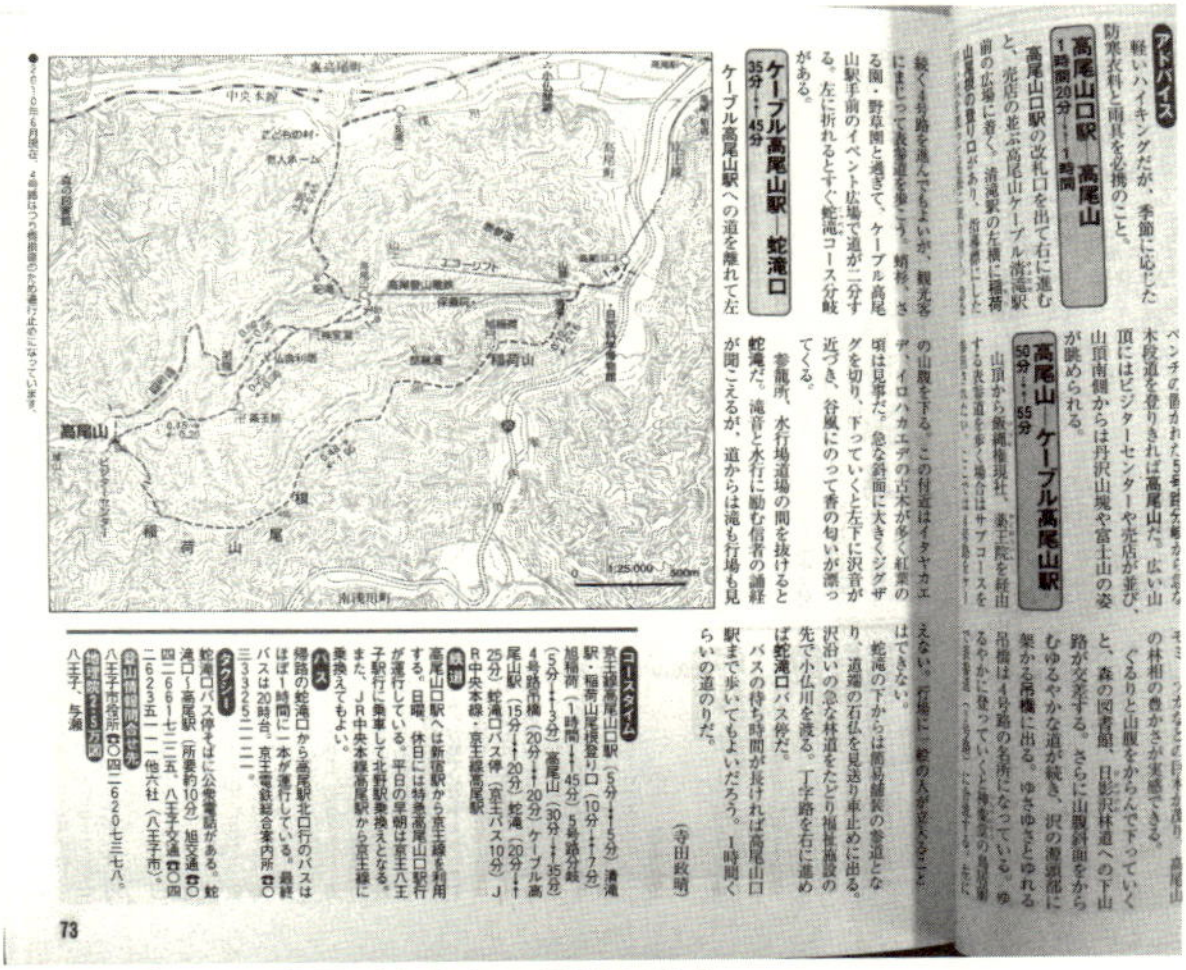

ガイドブックと地図が山歩きの予習の基本

2万5000分の1地形図がベストとされてきたが、最近はガイドブックの地図もクオリティが上がってきている。まずは、ガイドブックの地図を文章とともに読む練習をしてみよう。

地図を「読む」という表現があるように、地図にはたくさんの情報が記されている。慣れないと取っつきにくいかもしれないが、目的の山名、登山口や下山口となるバス停、駅などはたやすく見つかるだろう。最初は、登山口から目的の山、さらに下山口へと、コースを追ってみよう。コースをたどりながら、ガイドの本文、アドバイスなどを読み合わせ、途中の写真なども見ていくと、行程や途中の様子がだんだんつかめてくるはずだ。慣れてきたら、地形を読む練習をしてみよう。

地図から地形を読み取るには

二次元の地図から地形の凹凸を読み取るカギは等高線。文字通り等しい高さを結んだ線で、地形を水平に輪切りにしたときにできる線と考えるとわかりやすい。縮尺2万5000分の地形図では10メートルごと、5万分の1地形図では20メートルごとに等高線が描かれる。等高線は、富士山のように円錐形の山なら同心円状になる。一方、たとえば傘を半分つぼめたときのような地形なら、傘の骨の数だけ出っ張った星形のようになる。傘の骨に沿って出っ張ったところは、実際の地形では尾根、尾根の間のへこんだところは谷に相当する。そのことがわかれば、地形図から尾根と谷を読み取れるようになるはず。また、等高線が円など、閉じているところの内側は高くなっており、その最も高いところが山頂となる（火口など凹地の場合もある）。山頂には三角形の中に点が入った記号と、標高を表す数字が記されていることもあるが、これは測量の基準となる三角点であり、山頂と一致しない場合もあるので、注意が必要だ。

等高線の間隔にも注意してみよう。等高線の間の高さは10メートル、20メートルなどと決められ

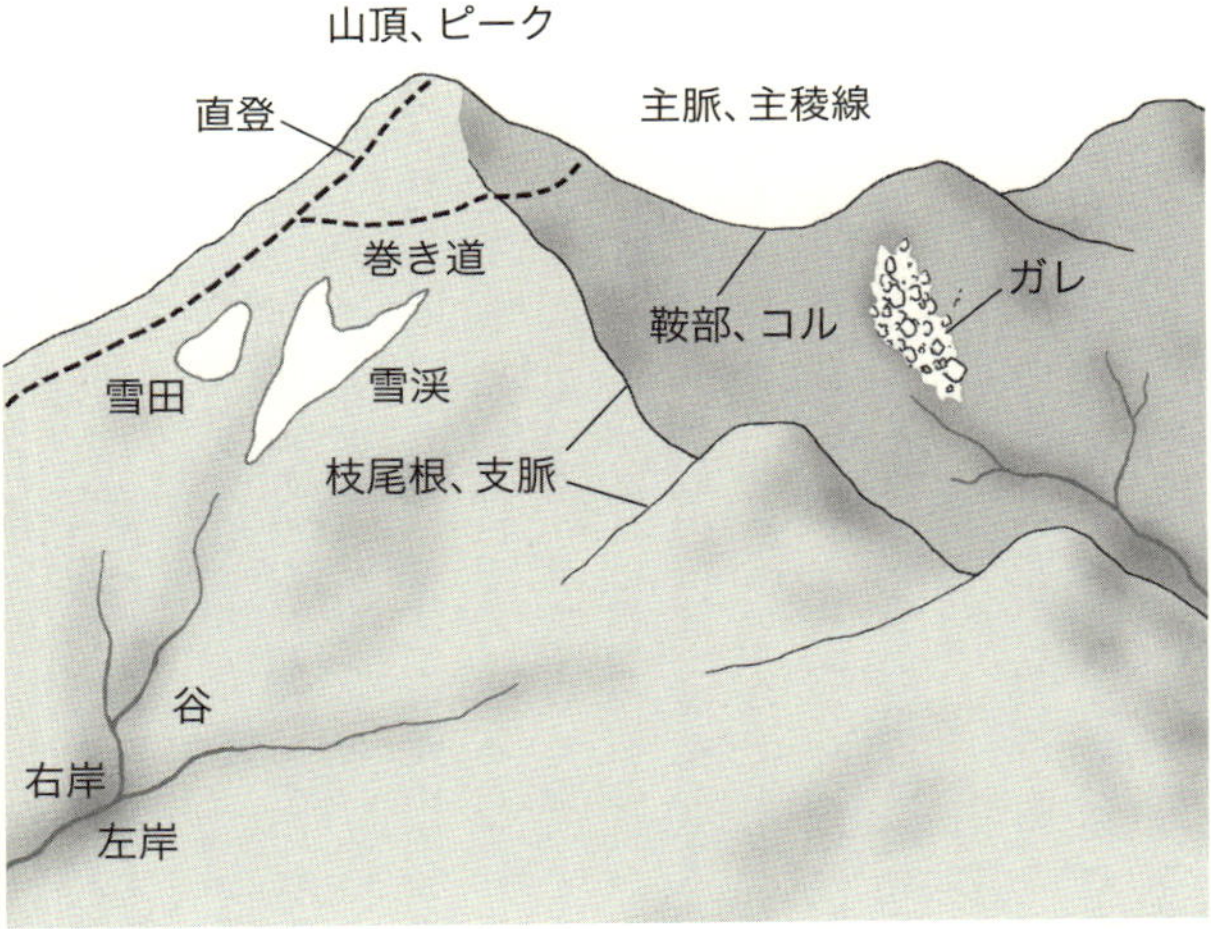

ているので、等高線の間が詰まっているところは、短い距離でも標高差が大きい、つまり急斜面ということになる。一方、等高線の間隔が広くなるほど、地形はなだらかとなる。極端な話、水平であれば等高線は描かれない。また、登山道が等高線に沿っていれば、ずっと同じ高さ、つまり水平であり、等高線と直交する場合は、傾斜が最も急になる。

登山中は、常に地図がすぐ出るようにしておき、地形をイメージしながら、目標物や分岐点を確認しながら歩けば、自分がどこにいるかを常に知ることができ、道迷いを防げる。万一、迷ったときにもすぐに気づくことができ、危険回避にも役立つ。

モデルプラン② 高原の花が咲き乱れる霧ヶ峰

霧ヶ峰は最高地点の車山が標高2000メートル近い高原。草原がゆるやかに起伏して、アルプスや八ヶ岳の展望も素晴らしく、日本百名山にも選定されている。しかも、リフトで車山山頂直下まで登ることも、1時間ほどの手ごろな登りで車山などに登ることもでき、ラクラク高原ハイキングにぴったり。余裕があれば高層湿原の八島ヶ原まで足をのばすと、高原の一日を満喫できる。

高所だけに春は遅く、新緑が5月下旬ごろから。6月なかばごろには群生するレンゲツツジの朱い花が咲き、7月中ごろには一番人気のニッコウキスゲが黄金色のカーペットを広げる。8月になるとマツムシソウなど晩夏の花が見ごろとなる。例年、9月末〜10月なかばごろには紅葉が見ごろとなり、ハイキングシーズンの終わりを告げる。

広々として八ヶ岳やアルプスの眺めがよい車山山頂

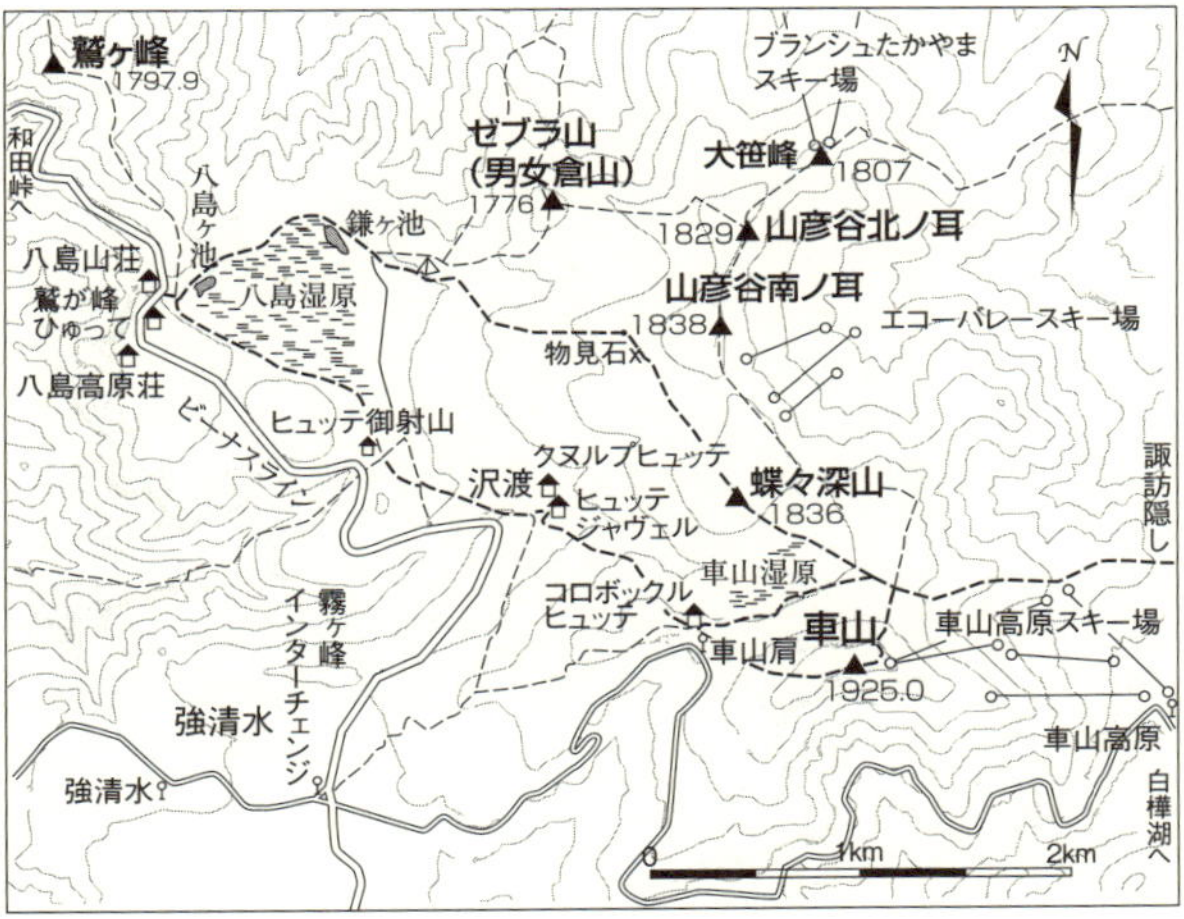

車山高原、車山肩へはＪＲ中央本線茅野駅、上諏訪駅からバスを利用。日帰りで十分に楽しめるが、車山肩から八島ヶ原にかけて点在する、それぞれ個性的で瀟洒なヒュッテに泊まり、ゆったりと楽しむのもよい。

■車山散策

リフト利用の場合は車山高原が起点。背後に白樺湖や蓼科山を望むリフトを乗り継ぐと、車山山

■車山散策　車山高原（リフト）終点（5分）車山（50分）車山高原／歩行時間計 55分

■車山周遊　車山肩（40分）車山（25分）車山乗越（30分）車山肩／歩行時間計 1時間 35分

■車山～八島ヶ原　車山肩（40分）車山（25分）車山乗越（45分）物見石（50分）八島湿原（30分）御射山（1時間）車山肩／歩行時間計 4時間 10分。

＊八島湿原から車山肩へのバスは夏休み期間の土休日のみ運行で強清水乗り換えとなる。八島湿原から車山肩まで歩いて 1時間 30分ほど。車山肩寄りは道が入り組んだところがあるので分岐に注意を。

■問い合わせ先　車山高原観光協会☎ 0266-68-2626 ／下諏訪観光協会（八島ヶ原）☎ 0266-27-1111

車山肩には全国有数のニッコウキスゲ群生地が広がる

頂の一角にある終点に着く。気象観測ドームが建つ車山山頂は八ヶ岳から富士山、南・中央・北アルプスなど360度のパノラマを楽しめる。下山は車山乗越からスキー場上の草原を歩き、諏訪隠しから車山高原へ戻る。

■車山周遊

車山肩から草原の斜面を登って車山山頂へ。下山は車山乗越から車山高原とは逆にとり、車山湿原のかたわらを下って、車山肩へ戻る。車山肩付近は全国でも指折りのニッコウキスゲ群生地で、例年、7月なかばごろの花の時期は特におすすめだ。

■車山〜八島ヶ原

尾瀬ヶ原より古く、1万年かかって堆積したという八島ヶ原の高層湿原まで足をのばす充実コース。車山乗越から牧歌的な蝶々深山を越え、鬼の角のような岩が高原のアクセントを添える物見石《ものみいわ》を経て八島ヶ原へ下る。八島ヶ池などの池塘や車山を見渡しながら湿原を半周すると、ビジターセンターがある八島湿原バス停に着く。

モデルプラン③　山上の神苑・尾瀬

尾瀬は群馬・福島県を主に新潟・栃木の4県にまたがり、尾瀬ヶ原と尾瀬沼、周囲を囲む至仏山、燧ヶ岳などの山々を擁するエリア。

尾瀬ヶ原と尾瀬沼は登山口の標高が高いうえ、コースの登り下りが少なく、ハイカーにも人気が高い。尾瀬ヶ原は標高約1400メートル、東西6キロにわたる本州最大の高層湿原、尾瀬沼は標高約1600メートルの高山湖で、それぞれ高山を借景とした山岳風景が広がり、例年5月下旬〜6月上旬のミズバショウ、7月下旬のニッコウキスゲ、10月上旬ごろの紅葉など、季節折々に彩られる。

入山は、尾瀬ヶ原が群馬側の鳩待峠、尾瀬沼が福島側の尾瀬沼山峠。鳩待峠へはJR上越線沼田駅か上越新幹線上毛高原駅から戸倉乗り換えのバ

尾瀬沼東岸から燧ヶ岳を仰ぐ

スがあるほか、シーズン中には東京からも直通バスが多数運行される。尾瀬沼山峠へは野岩鉄道・会津鉄道会津高原尾瀬口駅からバスの便がある。

日帰りの場合は、尾瀬ヶ原か尾瀬沼のどちらか一方を途中まで歩くのが一般的。要所にある山小屋を利用して、泊まりがけでゆっくり歩いたり、尾瀬ヶ原から尾瀬沼へ縦断すると、より充実する。マイカーの場合は尾瀬沼から大清水へ出れば、路線バスで戸倉へ戻れる。

■尾瀬ヶ原

鳩待峠からブナやミズナラの林をゆるやかに下ると、ビジターセンターが建つ山ノ鼻に着く。ここから尾瀬ヶ原に入り、正面に燧ヶ岳、背後に至仏山を眺めて、池塘をちりばめた湿原を行く。日帰りの場合は牛首分岐付近で引き返す人が多い。

■尾瀬沼

尾瀬沼山峠からオオシラビソなどの針葉樹林をひと登りすると、徐々に下りとなり、展望台で尾瀬沼が姿を現す。下り着いた大江湿原を流れに沿って下っていくと、ビジターセンターなどが建つ

尾瀬ヶ原下田代の見晴十字路は６軒の山小屋が集まる登山基地

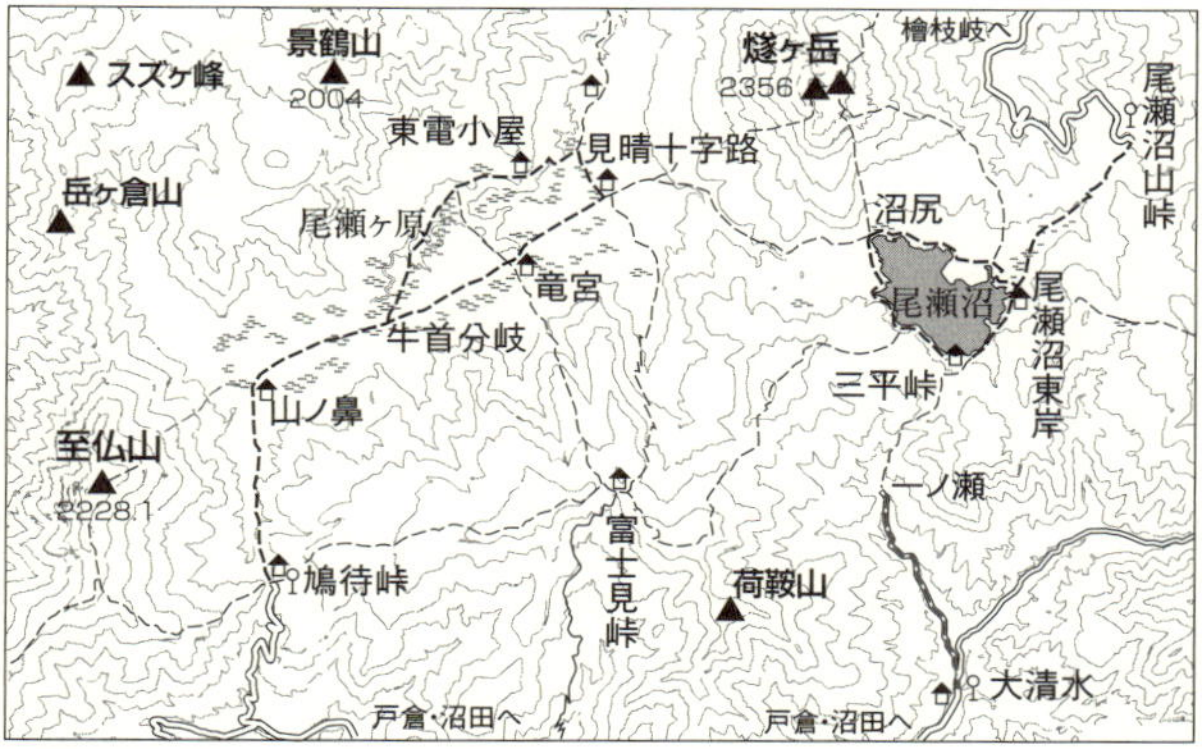

■**尾瀬ヶ原**　鳩待峠(50分)山ノ鼻(1時間)牛首分岐(1時間 40分)下田代見晴・十字路(30分)東電小屋(1時間)牛首分岐(1時間)山ノ鼻(1時間)鳩待峠／歩行時間＝牛首分岐まで往復 3時間 50分、下田代見晴・十字路まで一周 7時間

■**尾瀬沼**　尾瀬沼山峠(1時間 10分)尾瀬沼東岸(1時間)沼尻(1時間)三平下(20分)尾瀬沼東岸(1時間 10分)尾瀬沼山峠／歩行時間＝尾瀬沼東岸往復は 2時間 20分 2時間／尾瀬沼一周込みで 4時間 40分

■**尾瀬ヶ原〜尾瀬沼ほか**　尾瀬ヶ原下田代見晴・十字路〜尾瀬沼沼尻は約 2時間。三平下〜三平峠〜大清水は約 2時間 30分。大清水から戸倉方面のバスを利用でき、車利用の周回に向く。

■**問い合わせ先**　片品村観光協会☎0278-58-3222／尾瀬檜枝岐温泉観光協会☎0241-75-2432

尾瀬沼東岸に出る。ここで引き返す人が多いが、余裕があれば尾瀬沼沿いの道を沼尻まで足をのばせば湿原が美しい。

■尾瀬ヶ原〜尾瀬沼ほか

尾瀬ヶ原と尾瀬沼は200メートルあまりの高度差がある。尾瀬ヶ原からはゆるやかに登っていくと、ブナ林から針葉樹林に変わり、白砂峠を越えると、ほどなく沼尻で尾瀬沼湖畔に出る。三平峠へ向かう場合は西岸経由のほうが少し近いが、湿原が点在する東岸経由が楽しい。

まだまだある、全国の高原コース

■北海道・東北

ロープウェイを利用できる高山は、北海道では大雪山の黒岳と旭岳のみ。黒岳はさらにリフトもあり、1984メートルの黒岳山頂まで往復2時間で北アルプスにも勝るかと思われるお花畑や展望を楽しめる。気象条件が本州の3000メートル峰に匹敵するので天候にはくれぐれも注意を。変則的だが礼文島の海岸沿いを歩くのも楽しい。緯度が高いので海岸で高山植物が咲く植生が見られ、高原のような景観やお花畑が広がる。

東北では高原というより高山だが、青森県の岩木山はスカイラインとリフトを利用すれば往復1時間ほどで日本海や東北の名山を見渡す山頂に立てる。特産のミチノクコザクラ、湯治場の面影を残す麓の温泉、お山参詣に代表される民俗なども魅力的な津軽の名峰である。岩手県の種山ヶ原(種山高原。標高870メートル)は高原の一角まで車で登れて、1~3時間程度の散策を楽しめる。ゆるやかに広がる高原は牧歌的で、宮沢賢治の作品にも登場する。低山の項でもふれた蔵王山の最高峰・熊野岳は山形側からロープウェイで地蔵山経由、宮城・山形側からドライブウェイを使い刈《かっ》田《た》岳《だけ》経由でアプローチでき、火口湖のお釜など独特の景観とともに夏の高山植物も魅力だ。

■関東

関東の高原は標高の高い山が集まる群馬県と栃木県に集中する。群馬県では上毛三山の最高峰で、カルデラ湖である大沼《おの》を囲んでいくつものピークが連なる赤城山《あかぎやま》。その中で地蔵岳（1674メートル）は山頂にテレビ塔が建つが、広々して赤城山のピークをはじめ尾瀬方面などの展望もよい。6月にレンゲツツジが咲く白樺牧場とあわせて楽しみたい。往復3時間ほどだ。中腹の荒山高原（1572メートル）もツツジの名所で5月のアケボノツツジからレンゲツツジまで楽しめる。箕輪から2時間ほどの行程だ。

日光・戦場ヶ原と男体山

榛名山《はるなさん》（1449メートル）も上毛三山で、榛名湖を囲み、ピークが連なる。高原ハイキングのおすすめは火口原の沼ノ原。30分～1時間もあれば一周でき、夏のキスゲ（ユウスゲ）で知られるが、初夏から初秋まで高原の花が次々に咲く。

草津白根山《くさつしらねさん》はリフトを利用すれば往復1時間ほどで全国でも指折りのコマクサ群生地まで、さらに1時間あまりで歩道最高地点まで登れる。起点となる白根火山バスターミナルからは火口湖の湯釜展望台、食事も楽しみな芳《よし》ヶ平《たいら》ヒュッテが建つ芳ヶ平湿原へのコースもある。それぞれ往復20分、2時間30分ほど。

栃木県では奥日光の戦場ヶ原と小田代《おだしろ》ヶ原が人気ナンバーワン。男体山などの高山に囲まれ、初夏から初秋まで咲く高原の花をはじめ新緑や紅葉も美しい。小田代ヶ原、戦場ヶ原のみなら30分～2時間程度で歩けるし、竜頭《りゅうず》ノ滝から歩いて湯ノ湖にゴールする3～4時間のコースなら充実した行程で見どころも多い。

日光の霧降《きりふり》高原は霧降高原バス停から西へ向か

い、ニッコウキスゲ群生を経て丸山（1689メートル）、八平ヶ原《はっぺい》を一周する2〜3時間のコース、東へ向かい、牧場が広がる大山（1158メートル）を経て、霧降ノ滝へ下るコースを楽しめる。初夏の新緑、ツツジから盛夏のニッコウキスゲ、紅葉それぞれに楽しめる。

■甲信越

新潟県で手軽に登れる山頂部の高原は越後湯沢の湯沢高原。冬のスキー場で大型のロープウェイがあり、高原には高山植物園や食事処などが整備されている。高原のみなら30分〜1時間ほど。山道に入って美しいブナ林を歩いて下るコースは3〜4時間ほどだ。

山梨県のおすすめは清里周辺。八ヶ岳の裾野に頭をもたげる天女山《てんにょさん》（1529メートル）、美ノ森山《うつくしもりやま》（1543メートル）などかわいいピークが頭をもたげる。それぞれを単独なら10分ほどの超お手軽コースだが、結んで歩けば3時間ほどの行程となり、その間の八ヶ岳高原牧場からは、間近に仰ぐ八ヶ岳の岩峰群をはじめ、奥秩父や富士山の展望がみごとだ。ソフトクリームが人気の清泉寮向かい側に建つ八ヶ岳自然ふれあいセンターでは、コースの情報はもちろん、自然情報も得られる。ほかに三窪《みくぼ》高原、甘利山《あまりやま》などもあるが、アクセスが不便なのが難点だ。

長野県は高原の宝庫である。北から紹介すると、草津白根山に境を接する志賀高原は池めぐりコース、四十八池の湿原がある志賀山、日本最高所というパン屋で有名な横手山などさまざまなコースがある。歩行時間は1〜4時間ほど、グレードもさまざまで、好みに応じて選べる。

美ヶ原は霧ヶ峰と並ぶ全国有数の高原。牧場が広がる山上の台地の一角まで車道が通じている。

ここの魅力はなんといっても広大さと北アルプスなどの展望。最高点は王《おう》ヶ頭《とう》(2034メートル)だがテレビ塔が林立している。王ヶ鼻まで足をのばせば、気持ちのよい岩頭から北アルプスなどの展望を独占できる。

北八ヶ岳の北横岳（2480メートル）はロープウェイ山頂駅がある坪庭が岩と低木で自然の庭園の趣を見せ、高山植物も豊富。1時間30分ほどの登りで北横岳山頂に立てば、八ヶ岳やアルプスの展望が広がる。途中に建つ北横岳ヒュッテの雰囲気もよく、山小屋泊まり入門にも好適だ。

八ヶ岳の裾野に広がる清里高原

長野県の東端、小諸市から東御《とうみ》市にかけて広がる高峰・湯ノ丸高原は標高2000メートル前後の地点まで車道が通じてハイキング・登山コースに恵まれている。高原ハイキングなら池ノ平（2095メートル）がイチオシで、湿原と周囲の丘の散策が楽しく、貴重なコマクサ群落も見られる。標高が高いだけに5月下旬ごろの新緑から10月上旬ごろの紅葉の時期が適期。黒斑山《くろふやま》（2404メートル）、湯ノ丸山（2101メートル）などのピークにも2～4時間ほどで登れる（140ページ参照）。

■東海・関西

静岡県で手軽に登れて高原ムードを楽しめるのは伊豆の達磨山《だるまやま》（981メートル）と金冠山《きんかんざん》（816メートル）。尾根上に笹原が広がり、富士山や南アルプスと駿河湾の眺めは、ほかでは得られない。西伊豆スカイラインが通っているので、マイカーのアクセスはよいが、バス便は少ない。歩行時間1〜3時間程度。

中京では日本百名山の伊吹山《いぶきさん》（1377メートル）が山頂部に広がる高原状の草原で散策を楽しめる。山頂直下までドライブウェイがあるが、歩いて登るコースもあり、1〜5時間。植物の宝庫で、〝イブキ〟が付く名前はこの山に由来する。

やはり百名山で奈良・和歌山県境にまたがる大台ヶ原は笹原と立ち枯れの木が印象的な隆起準平原が広がる。徒歩4時間ほどかかるが、最高峰の日出ヶ岳《ひのでだけ》（1695メートル）、スリル満点の展望台などを東大台ハイキングコースがおすすめだ。

■中国・四国・九州

中国地方では麓に牧場が広がり、山上もなだらかで草原が点在する岡山県の蒜山《ひるぜん》がおすすめ。上蒜山（1203メートル）を最高峰に中蒜山、下蒜山の三山で構成され、縦走コースもあるが、高原の気分を味わうなら中蒜山付近がベスト。歩行時間は4〜5時間かかる。

四国では百名山の剣山《つるぎさん》（1955メートル）が車道とリフトを利用して、笹原が広がる山頂まで往復1時間ほどで登れる。余裕があれば、一ノ森まで足をのばし、古剣神社を回遊して帰れば、風景も、剣山の信仰登山の歴史も堪能できる。

九州には高原状の山が多いが、イチオシは霧島山。火山活動で生まれた山群でピークや火口跡がいくつもあるが、高原情緒を楽しんで登るなら、えびの高原から今も噴煙を上げる火口が印象的な韓国岳《からくにだけ》（1700メートル）の往復約3時間、高千穂河原《たかちほがわら》から、ミヤマキリシマツツジの群生地で高千穂峰の眺めがよい中岳（1332メートル）の往復約1時間30分が楽しい。

4 高山にチャレンジしてみよう

ベストシーズンは条件がよい夏の山

なにげなく高山という言葉を使っているが、標高何メートル以上が高山などと決まっているわけではない。高い山に登っていくと、急に森林が終わり、ハイマツやお花畑が広がる高山帯に出る。この境目を森林限界と呼び、森林限界を上回る山が高山となる。森林限界は本州中央部の太平洋側で2500メートル、日本海側で2000メートル前後。北へ行くほど低くなり、北海道では本州中部より1000メートルほども低くなる。また、谷川岳のように標高2000メートルを切る山でありながら、豪雪や季節風の影響で高山帯が発達した山もある。

高山は標高が高い分、気温が低下し、単純に計算しても、3000メートルの高さでは平地より20度近く低い。そのため、低山では暑さに悩まされる夏も涼しい。夏山という言葉があるように、高山の登山シーズンは夏がベスト。気温がほどよく、梅雨が明けると天候が安定し、日が長いので安心して行動できる。花盛りのお花畑、展望、山によっては豊富な残雪など、高山ならではの楽しみがいっぱいで、夏山の醍醐味を満喫できる。一方、高山の厳しさもあるので、慎重に登りたい。

ロープウェイなどでラクラク登れる高山もある

高尾山や霧ヶ峰のように山頂直下までとはいかないが、高山にもロープウェイやバスで標高を稼げる山がいくつもある。山にもよるが、交通機関を下りて、1～2時間で山頂に立てる山なら、特に体力がなくても登頂は容易だ。

夏の天候が穏やかな日なら、ハイキング感覚で登れて、高山ならではのダイナミックな山岳パノラマ、雲海、高山植物などに出会える。山高きがゆえに尊からず、ではあるけれど、やはり高山にしかない魅力があふれ、高原歩きなどの延長で、その魅力に親しめるのはうれしい。

ただし、体力的に容易でも、気象条件など、高山ならではの厳しさがある。行程は容易になっても、その厳しさは変わることなく、いったん悪天候になると、穏やかな山が豹変する様は、低山ハイキングなどの経験からだけでは想像できないものがある。もともと高山では気温が低いうえ、体感温度は風速1メートルごとに1度C下がるとされ、強風や雨にさらされれば、夏山でも零度以下になりうる。実際、夏山でも低体温症による疲労凍死の事故は起きている。高山では、風雨をさえ

中央アルプスの駒ヶ岳ロープウェイ。標高 2600 メートルあまりの千畳敷まで運んでくれる

ぎる樹林がないため、天候悪化の影響を直接に受けることも考えなくてはならない。また、夏山では午後は積乱雲が発達することが多く、雷雨を避けるためには天気に注意し、午後の早い時間には行動を終えられるような計画も必要となる。

そのため、低山や高原以上に、より慎重に計画する必要がある。山とコースの選択、天候急変や体調不良の場合の下山コースや避難所となる山小屋の有無のチェック、余裕あるスケジュールでの計画、荒天に備えたウェア、天候の見定めなどがポイントだ。

計画や装備を調え、天候がよいときに登れば、決して危険ではないが、不安な場合は経験者と同行するか、ガイドツアーを利用するといいだろう。

高山の装備は安全への配慮が必要

安全面からも、快適面からも、悪天候に備えた装備が第一。基本は悪天候時に無理な行動はしないことだが、高山では天候の急変は珍しくないので、常に備えをしておきたい。

最も大切なのはウェアで、防風性、保温性、防水性、速乾性を考えて選択し、組み合わせる。特に重要なのは防風と耐水性を備えたアウター（シェル）で、透湿性防水素材製のレインウェアが適している。下着は速乾性で、濡れても冷たく感じにくいもの、その上に保温のためのフリース、薄手のキルティングジャケットなどを用意する。最近、人気を集めているのがソフトシェルと呼ばれるもの。荒天時のアウターとしては不十分だが、一定の防水、防風性を備えながら、高い伸縮性や透湿性をあわせもち、たとえば霧雨が降ったり、晴れたりといった天候でも快適に過ごせる。手や指先は濡れると寒く感じるので、末端が冷えやすい人は雨天でも使える手袋（グローブ）も用意するとよい。足場の悪い岩や礫地もあるので、靴は軽登山靴が必須、ストックも用意したい。

万一、荒天や捻挫などで行動不能となり、近くに山小屋などもない場合、ツェルトと呼ばれる簡

易テントが頼もしい。ポールなどは使わず、そのままかぶったり、立木を利用したりするが、薄い布一枚からは想像できない保温性や耐風性を発揮する。軽量な製品なら300グラムほどなので、ザックに常備したい。なお、非常時に初めて出すのではなく、事前に使用法を確認しておこう。

逆に天候がよいとき、薄曇りのときなどは紫外線が強く、日焼けしたり、皮膚を傷めたりするので、ツバのある帽子、長袖のシャツ、日焼け止めクリームやリップクリームなども必要に応じて用意する。ズボンは半ズボンも見かけるが、転んだときのけがを予防するためにも、日焼け対策にも、長ズボンもしくは機能性タイツと半ズボンや山スカートなどとの併用が望ましい。

山小屋に泊まれば行動範囲が広がる

　ひと口に山小屋といっても、寝袋や食料まで持参しなければならない素泊まりのみの無人小屋から、旅館なみの設備を誇るところまでさまざまだ。ここでは、北・中央・南アルプス、八ヶ岳、尾瀬など登山者が多い山域の、比較的、設備が整った山小屋について説明する。

　一般的に、山小屋では相部屋が多いが、個室を備えるところもある。風呂やシャワーは一部を除いて設備はなく、あっても環境保全のため石けんやシャンプーは使用不可。寝具はふとんなどがあるが、浴衣などはなく、山のウェアのままで寝る。山小屋ではふとんカバーや枕カバーの洗濯はまならないし、雨が続くと干すこともできないので、快適とはいいがたい場合もある。気になる人は寝袋状でコンパクトなインナーシーツを持参、タオルを枕カバー代わりにするなど工夫している。

　食事は、山小屋に頼める場合がほとんど。おおむね弁当も頼めるし、朝食を弁当にしてもらって早出するということも可能だ。飲みものや軽食が販売されている場合もある。小屋で買ったものの空き缶や空き容器は引き取ってくれるが、その他のゴミは持ち帰りとなる。

利用は予約が必要、もしくは予約希望の場合が多い。山小屋に着いたら、玄関を入ってすぐの帳場で予約した名前を名乗り、食事の有無などを確認して、料金を前払いする。このときに泊まる部屋とともに、食事の場所や時間、消灯時間などの注意事項を説明される。山小屋の到着時刻は原則として午後4時ごろまでに。夏山では午後、雷雨や夕立に遭うこともあるし、万一の道迷いなども考え、早めに山小屋に着くよう計画したい。もし、天候や体調が不調で、予定した山小屋にたどり着けない場合は、近くの山小屋に頼んでみよう。緊急時ならば、予約なしでも受け入れてくれる。その場合、宿泊予定だった山小屋には、迷惑や心配をかけないよう、なるべく速やかに変更を連絡したい。

モデルプランで紹介する立山などは登山口から日帰りできるので、山小屋に泊まる必要はないが、長距離の縦走などでは小屋泊まりが必要になる場合もある。立山などの場合でも、登山口付近の山小屋に泊まれば、天候が安定している早い時間に登山ができるし、出発が早いぶん、行動に余裕も生まれる。登山口付近の山小屋は、稜線の上にある山小屋より立地に恵まれ、水道やトイレなどの施設が整備されていることも多いので、初めての山小屋泊まりでも違和感が少ない場合が多く、小屋泊まり入門にも好適だ。

富士山は特別な存在。十分な準備を

特別な理由は、高さと登山形態のふたつ。

高さは、3776メートルという日本一の標高で、第2位の南アルプス北岳の3193メートルに600メートル近い差をつける。登山形態では、日本一に惹かれて年間20万〜30万人もの登山者が訪れ、しかも、登山は富士山が初めてという人も少なくないことが特徴的だ。

高さでだれもが心配になるのが空気の薄さ（酸素分圧が低い）。富士山山頂の気圧は平地の約3分の2、五合目の登山口でも4分の3ほどしかなく、高山病の症状が出る人も珍しくない。

また、登山では山の高さだけでなく、登山口から山頂までの標高差も重要だが、富士山の場合は最も利用者が多い河口湖口五合目で2300メートル、最も高い富士宮口五合目でも2370メートルで標高差は1400メートル前後。北アルプス登山の場合、モデルプランで紹介する立山は室堂から約700メートル、上高地から奥穂高岳は約1500メートルであることを考えると、楽な行程ではないことがわかると思う。さらに、上高地から奥穂高岳は通常1泊2日で登られるが、富

雲海を見下ろしながらの登山は日本一の山にふさわしくダイナミック

士山は夜行日帰りが最も多い。平地から車でいきなり2300メートル前後まで登り、その日のうちに4000メートル近い高山に登るというのは、日本はもちろん、世界的にも稀だ。余裕ある行程で高度順化を心がけ、空気が薄い分、ふだん以上にゆっくりペースを保って登ることが重要だ。

この本の読者には心配ない話だが、みんなが登るからといった安直な考えから装備に無頓着で、半袖のシャツと半ズボンの夏服に手ぶらで来る人も後を絶たない。標高が高いので気温が低いうえ、五合目から上は岩と砂礫で吹きさらしの斜面となる。各登山道沿いに10～30軒ほどの山小屋があるので大事に至ることは少ないが、安全と登頂のために下調べや準備はしっかりしておきたい。

モデルプラン④　北アの3000メートル峰・立山を目指す

富士山、加賀の白山とともに古来、日本三霊山に数えられた立山は、雄大なカールに池やお花畑を抱き、岩峰や砂礫の斜面、夏なお豊かな雪渓など、アルプスの魅力を網羅して登山者を誘う。

標高3000メートルを超えるが、登山口の室堂はすでに2400メートル。立山黒部アルペンルートを利用すれば容易に山頂に立てる。ただし、入門者向きコースといっても、北アルプスの中ではという意味で、低山や高原の山行で経験を積み、装備も調えて臨む必要がある。

登山は梅雨が明けた7月下旬～8月下旬が適期。9月に入ると天候が不順になりがちで、なかばを過ぎれば、天候が崩れた日はみぞれや雪に遭うこともある。

室堂《むろどう》のターミナルを出ると、すぐお花畑が広が

室堂付近からお花畑の草原越しに立山の連峰を眺める

り、雄大な立山の連峰が迫る。一《いち》ノ越《こし》までは歩きやすい道だが、その先は急な砂礫地を登る。道がいく筋にも分かれているところがあるが、浮いた石を踏んでスリップや落石を起こさないよう、なるべくしっかりした道を選んで登ろう。三ノ越を過ぎると、しっかりした道となり、休憩所を兼ねた社務所に着けば、目の前に雄山《おやま》がそびえる。山頂には霊山らしく雄山神社が祀られ、シーズン中は神官が常駐する。参拝料を納めて登拝すると、お祓いを受けられる。帰りは来た道を戻るが、一ノ越へ下る斜面は落石などを

■**雄山往復**　室堂（1時間30分）一ノ越（50分）雄山（40分）一ノ越（1時間）室堂／歩行時間計4時間

■**立山三山**　室堂（1時間30分）浄土山（20分）一ノ越（50分）雄山（30分）大汝山（50分）真砂岳（1時間）別山（30分）別山乗越（1時間10分）雷鳥平（40分）室堂／歩行時間計7時間20分

■**問い合わせ先**　立山町観光協会☎076-462-1001／立山黒部アルペンルート☎076-432-2819

起こさないよう、急がず、慎重に下りたい。

余裕があれば、浄土山、雄山、別山の立山三山を縦走したい。行程が長く、道もやや険しくなるが、立山の雄大さを実感できるうえ、最高峰の大《おお》汝山《なんじやま》にも登り、別山付近では剱岳《つるぎだけ》のアルペン的な山容が望まれるなど、充実した山行ができる。縦走路中の山小屋に宿泊すれば、降るような星空、ダイナミックな夕日や日の出など、より印象的な経験ができる。

室堂への立山黒部アルペンルートは、長野県側からはJR大糸線信濃大町駅からバスで扇沢へ。ここから黒部ダムを経てトロリーバス、ケーブルカー、ロープウェイ、トロリーバスを乗り継ぐ。富山県側からは、富山地方電鉄立山駅からケーブルカー、バスを乗り継ぐ。特に長野県側からは、ロープウェイなどの乗車待ちもあるので、余裕をもった計画で出かけたい。

雄山山頂に鎮座する雄山神社。夏山シーズンは神官が常駐する

モデルプラン⑤　日本一の山頂・富士山に挑戦

日本一という高さに魅せられて、毎夏20万～30万人の登山者が押し寄せる。遠望すると美しい円錐形の独立峰だが、登山は単調な砂礫や岩の斜面の登りとなり、比較的新しい火山であることと、標高が高いことがあいまって緑に乏しい。そのことが「富士山に二度登るバカ」と言われるゆえんにもなっているが、それもほかの山にない、富士山の個性である。

河口湖口五合目から富士山を見上げる

条件に恵まれれば、雲海の上に昇る朝日、日本第二の高峰である南アルプスの北岳さえも足もとに見下ろすダイナミックな眺めなど、日本一の山ならではの醍醐味を味わえる。富士山は、高山では世界に類を見ない大衆登山の山でもあり、その理由に江戸時代後期からの講中による信仰登山の普及がある。登山口や山頂の神社に詣で、歴史をしのぶのも一興だ。

登山期間は本来7月1日の山開きから8月末の山じまいまでだが、天候が安定して夏休みに入る7月下旬～8月中旬が最も登山者が多く、最近では山小屋の営業期間が長くなって9月上旬ごろまでは登山者が多い。途中の山小屋で宿泊する2日行程がラクだが、体調を整えて急がずに登れば、前日からの夜行登山でも特に困難はない。

吉田口頂上付近からお鉢と最高峰の剣ヶ峰を望む

アクセスは河口湖口が富士急行河口湖駅、富士宮口がJR身延線富士宮駅からバスを利用するが、ともにシーズン中は直通バスやツアーバスも多く運行されている。

■河口湖口

首都圏から近く、最も多くの登山者を迎え、山小屋も多い。六合目の下で森林限界を超え、荒涼とした斜面をひたすら登る。お鉢と呼ばれる火口跡の縁に登り着いたところに久須志神社が建ち、吉田口頂上と呼ばれる。ここで引き返す人が多いが、最高地点の剣ヶ峰に登りながら、お鉢を一周するお鉢巡りも楽しみたい。

■富士宮口

登山口の標高が最も高く、河口湖口に次いで多くの登山者を迎え、山小屋の数も多い。特に関西方面からの登山者が多いのも特徴的だ。登り着いたところに浅間大社奥宮が鎮座し、その隣には富士山頂郵便局（登山シーズンのみ）もある。

■お鉢巡り

大内院と呼ばれる火口跡を一周する雲上のコースである。特に河口湖口からの登山者にとっては、剣ヶ峰を通り、南アルプスなどの展望が楽しめる点は見逃せない。時計回り、逆回り、どちらでも大差ないが、高所なので天候を見定めてから登山にかかりたい。

■河口湖口　五合目(40分)六合目(1時間)七合目(1時間)八合目(1時間10分)本八合(1時間20分)久須志神社・吉田口頂上(40分)本八合(2時間)六合目(40分)五合目／歩行時間計8時間30分

■富士宮口　新五合目(1時間30分)新七合目(1時間20分)八合目(1時間30分)剣ヶ峰(40分)八合目(1時間)新七合目(1時間)新五合目／歩行時間計7時間

■お鉢巡り　久須志神社(45分)剣ヶ峰(10分)浅間大社奥宮(35分)久須志神社／歩行時間計1時間30分

■問い合わせ先　ふじよしだ観光振興サービス（河口湖口）☎0555-21-1000／富士宮市観光協会☎0554-27-5240

まだまだある、全国の高山入門コース

■北海道・東北

北海道最高峰の大雪山・旭岳（標高2290メートル）はロープウェイで約1600メートルの姿見まで登れる。晴れれば北海道の中央に位置するだけに展望が素晴らしく、姿見周辺のチングルマ、エゾコザクラなど高山植物もみごと。高原の項で紹介した黒岳同様、本州の3000メートル峰と同等の気候であり、黒岳より登高が長く、砂礫の斜面で迷いやすいところもあるので、天候に注意し、慎重に行動したい。姿見から往復4時間。

東北の高山を北から紹介すると、まずは青森県の八甲田山《はっこうださん》（1585メートル）。山頂一帯に湿原が点在して、夏の高山植物、秋の紅葉ともに定評がある。ロープウェイを利用して田茂萢岳《たもやちだけ》までなら1時間ほど、最高峰の八甲田大岳まで回遊して3〜4時間。東北らしさを残す温泉宿・酸ヶ湯《すゆ》温泉からも5時間ほどで一周できる。

田沢湖の東に頭をもたげる秋田駒ヶ岳（1637メートル）は八合目まで車道が通じて3時間ほどで往復できる。標高は高くないが、火山活動による複雑な地形、豊富な残雪、コマクサなどのお花畑、展望と高山の楽しみがそろう。

出羽三山のひとつ山形県の月山《がっさん》は夏スキーのメッカでもあるほど豊富な残雪を誇る。北側からは車道、南側からはリフトを利用して、それぞれ山頂まで1時間30分ほどで達することができる。山稜は広く、湿原も広がって、夏のクロユリ、ニッコウキスゲなどが咲き誇る花の名山でもある。

山形・福島県境に連なる吾妻山《あづまさん》は最高峰が山形

県側から登る西吾妻山（2035メートル）。天元台からロープウェイ、リフトを利用すれば4時間ほどで往復できる。山頂は針葉樹林に囲まれているが、途中には湿原が点在する。福島県側の東吾妻山（1975メートル）はスカイラインの浄土平から一周して4時間ほど。高山植物が多く、鎌池、浄土平などの景勝地にも恵まれている。

姿見ノ池と大雪山・旭岳

福島県では高村光太郎の「智恵子抄」にも詠われた安達太良山《あだたらやま》（1700メートル）もゴンドラを利用して登ることができ、往復なら2時間足らず、岳《だけ》温泉の源泉が湧き、入浴もできるくろがね小屋経由で歩いて下山しても4時間前後で登れる。山頂付近は火口跡の沼ノ平など荒涼として見えるが、中腹には花も多い。

■関東

尾瀬の至仏山《しぶつさん》（2228メートル）は鳩待《はとまち》峠から往復4時間ほどで登れて、尾瀬ヶ原を隔ててそびえる燧《ひうち》ヶ岳《たけ》などの展望もよい。蛇紋岩で構成されるためホソバヒナウスユキソウ、オゼソウなど特産の植物が多いことでも人気が高い。踏み荒らしを避けるため例年6月末まで登山禁止、雨の時など蛇紋岩が滑りやすいことに注意したい。

遭難者が多いことで「魔の山」と呼ばれた谷川岳（1977メートル）もロープウェイを利用して天神尾根の往復なら高山としては容易。岩場もあるが特に危険なところはなく山頂に立てる。ただし、初夏は残雪があるので盛夏から初秋に計画し、天候の急変に注意をはらいたい。

群馬・栃木県境にそびえ、関東以北の最高峰でもある日光白根山（2578メートル）は群馬側の丸沼高原からゴンドラを利用できる。山頂駅からの往復は4～5時間。山頂付近は岩峰で小ピークが点在して複雑な地形を見せ、高山植物も咲く。

■甲信越

新潟県では越後三山のひとつで、八ツ峰の岩峰を連ねて独特の山容を見せる八海山《はっかいさん》にロープウェイを利用して登れる。山頂駅から1時間30分ほどで最初のピークである地蔵岳（1707メートル）に着く。その先、八ツ峰の縦走は垂直の鎖場もある岩稜なので、ベテラン以外は地蔵岳で引き返す。今も山岳修験道の霊場であり、登山口には神社も建ち、銘酒「八海山」の蔵元も近い。

山岳県の山梨県は、意外なことにロープウェイで登れる高山がないが、甲斐駒ヶ岳（2967メートル）は、路線バスを乗り継いで北沢峠から登れる。堂々としたピラミッド形の名峰で、山体は白く輝く花崗岩で構成され、山頂のパノラマも素晴らしい。北沢峠から往復7時間ほどかかるが、北沢峠で泊まり、早朝から歩けば、それほど困難ではない。ただし、岩場やザレ場のスリップには注意を。向かい合ってそびえ、高山植物が豊富な仙丈ヶ岳《せんじょうがたけ》（3033メートル）も7時間ほどで登ることができる。北沢峠までは山梨側の芦安、長野側の戸台からシャトルバスを利用する。

大菩薩峠《だいぼさつ》・大菩薩嶺（2052メートル）は上日川峠《かみにっかわ》まで車で登れば4時間ほどで一周できる。大菩薩峠から大菩薩嶺手前は気分のよい尾根道が続き、爽快で展望もよい。4月末～11月の土休日中心だが、バスも運行が始まったのはうれしい。

長野県では木曽駒ヶ岳（2956メートル）はロープウェイ利用で往復3時間ほど。、標高約

2600メートル、日本最高所の駅がある千畳敷までロープウェイで登れる。山頂の展望、氷河跡のカールである千畳敷のお花畑もみごとで、特産のコマウスユキソウも迎えてくれる。登山適期は夏だが、ロープウェイの時間待ちが3時間ほどに達するときもあることに注意して計画したい。

　北アルプスは長野・岐阜県境に登りやすい高山がある。乗鞍岳《のりくらだけ》（3026メートル）はバスで畳平まで登れば往復3時間ほど。畳平の標高は2700メートルを超えて標高差も少なく、最もラクに登れる3000メートル峰でもある。夏も残る残雪や池を眺めて、岩がゴロゴロした急坂を登り切れば、乗鞍本宮奥宮と乗鞍朝日神社が建つ最高峰の剣ヶ峰だ。

　岐阜側の新穂高温泉からロープウェイを利用して登る西穂独標（2701メートル）は4～5時間の行程で、北アルプス入門コースとして人気が高い。西穂山荘の先で樹林帯を抜け、高山植物も豊富な道が続く。独標の山頂は穂高連峰をはじめとする展望が広がるが、この先、穂高方面への縦走路はベテラン向きの岩稜となる。

天神平から見た天神尾根と谷川岳

甲斐駒ヶ岳の白い花崗岩の山頂

■東海・関西

　高山の少ないエリアにあって、石川県の白山

（２７０２メートル）は群を抜く存在である。夏も豊富な残雪にお花畑が広がり、とりわけクロユリとチングルマが人気。山頂までは往復10時間ほどかかるが、往復5時間ほどの南竜山荘まででも高山植物や景色を楽しめる。白山に登る場合は南竜山荘か山頂直下の室堂に1泊することになる。

白山室堂と御前峰

■中国・四国・九州

関西から西には２０００メートル以上の高山はないが、中国地方では鳥取県の大山《だいせん》（１７２９メートル）が、崩壊・浸食されたアルペン的山容で登山者を誘う。縦走路も浸食されて通行できないので、最高峰の剣ヶ峰手前の弥山《みせん》に登頂する。山頂からは日本海を一望にすることができ、一帯に広がるハイマツ状のダイセンキャラボクも特徴的だ。大山寺から往復5時間ほど。

四国では西日本最高峰の石鎚山《いしづちさん》（１９７７メートル）がいくつも鎖をかけた岩場を連ねて堂々とした山容を見せる。土小屋から往復する3時間30分ほどのコースが最も容易だが、信仰登山の歴史が刻まれ、岩場が印象的な成就社からのほうが石鎚山らしい。ロープウェイを利用して往復5時間ほど。岩場には巻き道もある。

九州の最高峰は本土ではなく、屋久島にそびえる宮之浦岳（１９３５メートル）。中腹に屋久杉の林、海岸には亜熱帯の植物が茂るなど、いわゆる高山とは趣が異なり、そこが屋久島の魅力でもある（１３８ページ参照）。

5 疲れやトラブルを防ぐために

ストレッチで傷害予防と疲労回復

スポーツでは、トレーニングや競技の前のウォーミングアップ、終わった後のクーリングダウンが重要である。登山ではつい省略しがちだが、運動能力を高め、ケガの予防や速やかな疲労回復の効果があり、必須と考えたい。

ウォーミングアップは、文字通り身体を温めるとともに予備的な運動をすることで、車のアイドリング（暖気運転）に相当する。体温が上昇すれば、身体の柔軟性が向上し、予備的な運動を行なうことで心肺や筋肉にかかるストレスを軽減できる。精神的にもアドレナリンの分泌が増えることで、登山に対する準備が整う。クーリングダウンは、登山後、筋肉内に溜まった乳酸の除去を早め、筋肉の硬化解消に役立つ。その日の疲労だけでなく、慢性疲労も回復されるので、ぜひ行なっておきたい。マッサージや入浴、アミノ酸摂取などとあわせるとさらに効果的だ。

ストレッチの基本は無理をしないことと、勢いをつけて曲げ伸ばしするのでなく、同じ姿勢を数十秒保つこと。まだ身体が硬いウォーミングアップ開始時、寒い時期は特に注意が必要だ。

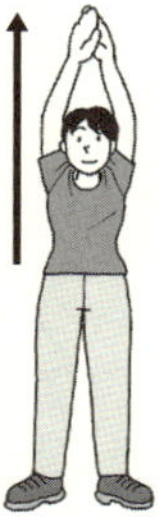
①足を肩幅より少し開いて伸び上がる

②上体を横へ倒す

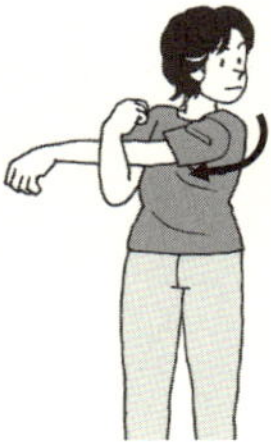
③肩を伸ばす

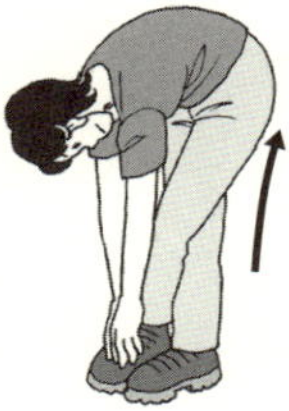
④足を組んで前屈。膝を軽く押すのもよい

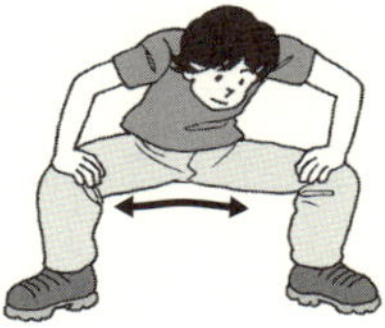
⑤大きく足を開き、つま先を外側へ開いてしゃがみこんで股関節をストレッチ

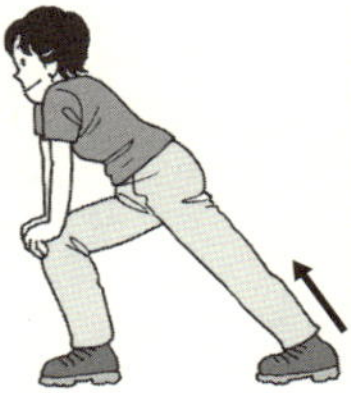
⑥後足のかかとをつけたまま全体に前へ倒れてアキレス腱を伸ばす

⑦大腿四頭筋を伸ばす

⑧手首、足首をほぐす

⑨首を前、左右に曲げる。手で補助してもよい。さらに回す

⑩腕、肩を大きく回す

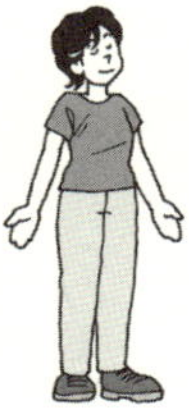
⑪深呼吸して終了

適切な水分補給がバテを防ぐ

登山のハウツーの中でも、水分補給は非常に重要な要素である。

山を登れば、筋肉が働いて熱が生じる。その熱が蓄積されると循環機能が低下したり、疲労が蓄積しやすくなったりするうえ、熱中症に至る危険性もはらむ。そうした事態を防ぐため、乾くときの気化熱で体温を下げるよう、汗をかく。汗をかいた分の水分を補わないと脱水症状を起こし、前記のように熱中症の危険性もある。昔、言われた「運動中は水を飲んではいけない」は明らかに誤りだが、一方、最近では水分の過剰摂取が低ナトリウム血症、水中毒につながるという指摘もある。

では、具体的にどれくらいの水分を摂ればよいのだろうか。飲みたいだけ飲めばよい、という考えもあるが、喉の渇きを感じたときは、すでに水分が不足している状態で、そうなる前に補給しておかなくてはならない。摂取量は個人の体格差、登山の形態や歩行時間、天候や季節などの要因で変わってくるが、そうした変動を無視して、ざっくりと言えば1日2リットルが目安と言われる。朝夕の食事で1リットルを摂れば、行動中に1リットルを補えばよいことになる。

個人的な経験によるものだが、朝夕の水分摂取はただ水を飲むより、食事のときにたっぷり摂るほうが効果的で、味噌汁やスープ、お茶などと組み合わせると、さらに効果があるように思う。夜中にトイレに起きないようにと、夕食時の水分摂取を避ける人がいるが、体調維持のため、十分な水分を摂りたい。

朝夕、十分に水分を摂れば、行動中は1時間ごとの小休止でひと口ずつ、食事を摂るときは多めに摂取すると、特に不足は感じない。もちろん個人差はあるので、喉が渇きやすい人は、ザックに収納した水パックからチューブを出し、歩きながら飲めるハイドレーションシステムを利用するのもよい。ただし、冬はチューブが凍りやすい。また、スポーツドリンクを入れる場合は、使用後、まめに洗うなどの注意が必要だ。

特に夏は、スポーツドリンクを活用したい。発汗によって、水分とともにナトリウム、カリウムなどのミネラルが失われ、低ナトリウム血症などの原因にもなりうるので、ミネラルを補給する必要があるからだ。また、浸透圧が体液に近く、吸収がスムーズなことなども理由だ。ビールなど利尿作用がある飲みものは、水分を排出してしまうので逆効果という指摘もある。しかし、適量なら、高所で腎機能が低下して、体内に老廃物が溜まることを改善してくれる面もある。

行動食でこまめに栄養補給を

学校の遠足などのイメージがあるせいか、お弁当を用意してきて、昼、いちどきに摂る人を多く見かける。それがいけないわけではないが、食事も水分の摂取同様、歩きながら少しずつ摂ることで、効率的なエネルギー補給や疲労の軽減が期待できる。また、雨のときなどゆっくり食事ができず、立ったまま短時間で摂らざるを得ないことなどもある。そのためには、弁当より、おにぎりやパンのほうが好都合だし、そのほかに歩きながらでも食べられる菓子類なども用意するとよい。食事の不足が低体温症の原因となり、遭難に至った例もある。

山の食料は、喉を通りやすい、消化吸収されやすい、軽量である、持ち運びしやすく痛みにくいなどの条件を満たすものが理想的だが、軽いものは水分が乏しく喉を通りにくいなど相反する要素もあって、すべてを満たすのはむずかしい。塩分補給のための塩辛いもの、すぐエネルギーになりやすい甘いものなど、味のバランスも考えつつ、山行の形態、個人の好みなどに応じて、複数の食品を組み合わせることになる。弁当やパンなどの主食類以外では、ソーセージやサラミ、ナッツ類、

チョコレート、飴、ドライフルーツなどがよく利用されている。最近では、山に適した栄養食品も多数、登場している。特に夏山ではゼリー状飲料が喉の通りがよく、食欲がないときも食べやすい。高カロリーのものなら、おにぎり1個分ほどのエネルギー源にもなる。逆に寒い時期は、ご飯ものは冷えてしまうので、カイロと一緒に保温袋に入れていくか、パン類を主体に計画するとよい。

余裕があれば、効率最優先でなく、夏ならそうめんなど冷たいもの、冬なら鍋物を作るなどの工夫も楽しい。ただし、自然を損なわないよう、そうめんなら茹でて持参し、山頂で氷水に入れて冷やす、鍋の具材は下ごしらえして廃棄部分を少なくし、ゴミはすべて持ち帰るなどにも留意したい。

体力を補ってくれる用具を活用しよう

筋力やバランスを補助してくれる用具としては、ストックとサポートタイツが双璧。ストックは46ページでも説明したように、バランスの保持に貢献し、安全性を高めるとともに、歩行やバランス保持に使われる筋肉の疲労を低減する効果もあわせもつ。

サポートタイツは、ここ10年ほどの間に急速に普及してきたもので、言ってみればタイツ型の下半身サポーター。機能性タイツ、スポーツタイツなどとも呼ばれ、股関節から太もも、膝、ふくらはぎにかけて、伸縮性のある布地を組み合わせることで筋力のサポート、血流の促進による疲労低減などの効果を持たせたものだ。さまざまなタイプの製品があるが、登山用には伸縮性のコンプレッション（着圧）機能による筋肉疲労の低減、テーピング（保護）機能による着地時の衝撃緩和や膝、筋肉のサポート、膝や股関節を支えるスタビリティ（安定）機能で歩行を安定させるなどの効果が期待される。コンプレッション機能は、筋肉の収縮を助けるとともに、血流を促進するポンピングの効果を高めるメリットで疲労低減の効果があるとされる。おおむね1万5000円ほどする

サポートタイツには半ズボンかスカートを併用する

が、それだけの効果はあるという声が多い。製品により、用途、コンプレッションの強さなど異なるので、用具店で相談して、自分に合うものを選びたい。

こうしたサポート用具を使用するより、筋力やバランス能力を鍛えるほうが大切、筋肉こそ最高のサポーターという意見もある。正論ではあるが、特に中高年は加齢で回復が遅れ気味で、疲労の蓄積や柔軟性の低下が靱帯の炎症などのトラブルにつながる。そうした事態を予防するため、山行中の安全のためにも、積極的に利用するほうがよいと考えられる。

サポートタイツ着用のときは、半ズボンや山スカートを併用するのが一般的。サポート機能とは関係ないが、ウェアのファッション性を高めている点も見逃せない。

登山に適したアミノ酸サプリ

サプリメントというと健康食品のようなイメージを持つ人が少なくないが、正しくは栄養補助食品、健康補助食品などと呼ばれ、日常生活で不足しがちなビタミンやミネラルなどを補給するための食品である。登山ではアミノ酸の補給、補助が最も多用される。

多用される理由は疲労回復に効果があるとされるから。アミノ酸は、簡単に言えばタンパク質を構成する有機化合物のユニットで、皮膚や筋肉はもちろん、血液中のヘモグロビンや酵素に至るまで、身体を構成する基本の物質である。さまざまな種類があるが、登山で有効なのはＢＣＡＡ（分岐鎖アミノ酸）に分類され、体内で合成できない必須アミノ酸のバリン、ロイシン、イソロイシン、体内で作れる可欠アミノ酸のアルギニン、グルタミンなど。筋肉などのタンパク質からエネルギーとして使われたアミノ酸の補給、速やかな疲労回復、健康の維持・増進などの効果があり、登山に適したコンディションを維持する効果が期待できる。

登山などの運動に使われるアミノ酸のサプリメントは30分程度で吸収され、数時間は効果が持続

粉末、飲料、タブレットなどがあるが粉末が最もよく使われる

するとされる。最大限の効果を期待するには、歩き始める前、昼食時、下山後の3回、服用するのが理想的といわれている。アミノ酸サプリメントは医薬品ではなく、人によって程度は異なるが、効果があるのは間違いないように思う。

　登山中は、アミノ酸とともに、水分の摂取、休憩中のマッサージ、登山の前後はストレッチなども併用すると、よりスムーズに疲労を低減、回復することができる。

　顆粒、錠剤、ゼリー状飲料、飲料などがあり、よく使われているのはスティックに入った顆粒。アミノ酸の必要量は1日3000〜4000ミリグラムとされ、3本でちょうど1日分となり、使い勝手がよい。

下山後の温泉で疲れも流してしまおう

入浴は血流を促進して、疲労回復を早めてくれる効果、汗をかくことで体内の老廃物を排出する効果がある。下山して汗を流し、着替えをし、さっぱりして帰れば、疲労感をより軽減できる。入浴後に食事をしてリラックスするのもよい。最近の立ち寄り温泉ブームで、温泉館が次々に誕生し、山の帰りに気軽に寄れて、食事や休憩ができる温泉が増えているのもうれしい。

疲労回復の入浴には、熱めのお湯に短時間の入浴、具体的には43度C前後のお湯に、トータルで10分程度が望ましいとされる。しかし、短時間の入浴では体の表面しか温まらない。寒い時期や雨のときなど、体を芯から温めたいときには、低温の湯にゆっくりつかるのもよい。疲労回復の効果も高めたいときは、熱めのお湯で半身浴を。心臓に負担がかからず長湯できる。頭に濡れたタオルを載せて入浴すると、頭を冷やし、のぼせを防ぐ効果がある。

入浴して、体が温まったところでストレッチやマッサージをするのも効果的だ。マッサージは本格的なものでなくても、腿やふくらはぎの筋肉を左右に軽く揺するようにするだけでも、十分に効

果がある。
　下山後は水分不足に陥っていることが多いので、入浴前に水分補給を。入浴には発汗作用があるので、入浴後の水分補給も忘れないこと。脱衣所の体重計に乗って「体重が減った」と喜ぶ人も多いが、減った体重は失われた水分であるという指摘もある。
　最近の日帰り温泉館ではシャンプーや石けんが常備され、タオルやバスタオルもレンタルや販売されているが、昔ながらの共同浴場などでは置かれていないこともある。小さな石けんやタオル、必要に応じてメイクのセットなどを小袋に入れ、着替えと一緒に持っていくようにすると、あわてなくて済む。

日常のトレーニングは必要か

各人の体力に合わせて行なえるのが山登りの特徴のひとつで、体力がなくても、それなりに楽しめる。しかし、体力や持久力に余裕があるほうが安心、安全だ。山を登ることで体は鍛えられるが、高年齢化するに従って、体力が付きにくく、落ちやすい傾向があるので、ラクに山を登るためにも、健康増進のためにも、ふだんからトレーニングをするのが望ましい。

といっても、特別な運動をする必要はない。山を歩くためのトレーニングでもあり、自宅周辺などで手軽にできるウォーキングが好適だ。ウォーキング＝歩くことだが、運動としては、山の歩き方と逆に、大股で、早足で歩くと効果的だ。脈拍や呼吸は早くなるが、無理のない範囲で。具体的には脈拍が最大心拍数の70～80％が効果的とされる。1分間あたりの最大心拍数は220マイナス〈年齢〉で得られる。呼吸は、話ができる程度を目安とする。歩行距離は1日の運動量として望ましい1万歩、歩幅60センチなら6キロ以上を目標に、1週間に5日行なえると理想的。いちどに1万歩を歩かなくても、1日のトータルでもよい。

あごを引き、
背筋を伸ばす。
ひじは直角に曲げて、
大きく手を振る。
腰が遅れないよう、
リズミカルに歩く。

ウォーキングのポイント
歩幅を広く、後ろ足はつま先で蹴り出すように、前足は膝を伸ばしてかかとから着地するようにして歩くと効果的。関節などの負担が心配ならふだんと同じ歩き方でもよい。

　歩数のカウントには歩数計が欠かせないが、最近の製品は消費カロリー、毎日の累積を表示してくれるのはもちろん、東海道をどこまで歩いたか、歩数をタクシー代に換算するといくらになるかなどの機能を搭載した製品もあり、ウォーキングをより楽しくしてくれる。

　また、スクワットは登山で特に重要な大腿四頭筋、下腿三頭筋をはじめ、大臀筋や中臀筋に有効だ。一般的には直立した状態からかがむ動作を繰り返すが、膝に負担がかかる。心配な人は椅子に座った状態から、膝が前に出ないよう、注意しながら、腰を浮かした姿勢をたもつトレーニングをするとよい。トレーニングの前後にはストレッチ、水分補給もしておきたい。

■山の中でトイレに行きたくなったら

先に一般論から言えば、山の環境や生態系への影響を避けるため、用はトイレで足すべき。登山口、泊まった山小屋など、トイレを利用できるところで用を済ませるよう心がけたい。

それでも、用を足したくなったらどうするかだが、小用ならそのまま、大は可能なら穴を掘って用を足し、ともに使用済みのティッシュなどは持ち帰る。水場から近いところは避けるなどの配慮が必要だ。理想的なのは排泄物も持ち帰ることで、利尻山、トムラウシ山、早池峰山など長時間の行程でトイレがない山では携帯用トイレの携行が励行され、途中に携帯用トイレを使うためのブースが設けられるなどしている。少なくともこうした山域では携帯用トイレを使うべきだ。

トイレがある場合でも、最近は環境に影響を与えないよう、バイオトイレなどへの建て替えが進んでいる。極端な例だが、北海道日高山脈の幌尻山荘はボランティアが屎尿を担ぎ降ろしている。こうしたトイレの維持には多額の費用や労力がかかるので、入口に協力金入れの箱が設けられている場合はきちんと協力金を入れておこう。使用前後にハンドルを回す、屎尿以外は流さないなど、使用法を守ることも大切だ。心ない人がペットボトルを捨てたためにトイレが詰まって使えなくなってしまったばかりか、山の上のことなので修理の日数や費用もかかって迷惑したなどの話も聞く。大多数の登山者はきちんとマナーを守っているが、あらためて記しておきたい。

山の隠語では、用を足すことをその姿勢から、男性はキジ撃ち、女性はお花摘みという。また、大キジ、小キジ、トイレットペーパーをキジ紙などの活用形もある。

6

安全登山のために知っておきたいこと

山の遭難の実態を知っておこう

登山と言えば遭難、危険というイメージを持つ人は少なくないようだが、一般的な登山はそれほど危険なものではない。しかし、危険がゼロではないこと、ちょっとした不注意が事故につながることを認識するべき。言い換えれば、そうした実態を知ることが安全、危険回避につながる。

まず、「平成21年中における山岳遭難の概況」（警察庁生活安全局地域課）の統計から、登山者の事故数を見てみよう。登山だけでなく、スキーツアーや山菜採りなども含む統計だが、全国の発生件数1676件（前年対比＋45人）、遭難者数2085人（前年対比＋152人）、うち死者・行方不明者317人（前年対比＋36人）。年によって率は異なるが、件数・遭難者数は毎年5％ほど増加する傾向にあり、毎年、過去最高を更新している。このうち、40歳以上の中高年は遭難者数1602人（前年対比＋35人）、うち死者・行方不明者284人（前年対比＋28人）で80％ほどにのぼる。登山者の総数に関しては明確な統計がないが、全国で500〜600万人程度、そのうち中高年が3分の2ほどの350〜400万人を占めると推定されることを考えると、中高年の事故率は多い。しかも、ショッキングなのは10年前に比べて、増加した遭難者数５９１人のうち中高年が４６７人にのぼること。10年前の中高年遭難者が少なかったわけではなく、その前年や前々年とくらべても同じ傾向である。40歳以上の遭難者数１６０２人は全体の約77％に達し、なかでも55歳以上が約60％を占めることも注目点だ。

遭難の原因は道迷い、滑落、転倒が全体の71・5％を占める。対策として、次のように記されている。

登山計画書の作成・提出＝気象条件、装備、食料、体力、体調、登山の計画と山岳の選び方、登山コース、日程などに配慮して、余裕のある、安全に配慮した登山計画書を作成し提出する。また、単独登山はできるだけ避け、信頼できるリーダーを中心とした複数人による登山に努める。／**危険箇所の把握**＝計画を立てるとき、滑落などの危険箇所を事前によく調べる。**状況の的確な判断**＝視界不良・体調不良時などには、滑落、道迷いなどのおそれがあることから、状況を的確に判断して、早めに登山を中止するよう努める。／**滑落・転落防止**＝滑りにくい登山靴などの着用、ストックなどの装備を有効に使用するとともに、気を緩めることなく常に慎重な行動を心がける。／**道迷い防止**＝地図とコンパスを有効に活用して、常に自分の位置を確認するよう心がける

次ページで具体例を見てみよう。

遭難は近郊の山でも起こる

先の「平成21年中における山岳遭難の概況」で都道府県別の遭難者数を見ると上位3道県が長野県173件、北海道162件、富山県122件である。例年、順位は入れ替わるが、道県や件数は同様。山深く、登山者が多いエリアを抱えるだけにうなずける数字ではある。

意外なのは東京都（警視庁）の70件で、死者・行方不明者も7人もいることだ。東京都の山岳といえば奥多摩で、その大半の地域を管轄する青梅警察署にはさらに詳しいデータがある。平成21年の山岳遭難事故発生件数は30件、40人。内訳は死者3人、重傷3人、軽傷6人、無傷28人。中高年が全体の60％を占めている。

かつて谷川岳が遭難者の多さで魔の山と呼ばれたが、現在では奥多摩のほうが多いのだという。重大事故を具体的に見ると、死亡が6月の鷹ノ巣山の沢登りで滑落、9月の川苔山と12月の三ノ木戸山の登山で道迷い、各1人。重傷が上高岩山のハイキングで滑落、御岳山の登山で転倒、川苔山《かわのり》の山仕事で転落、各1人となっている。川苔山は奥多摩でも人気が高い山だが、登山道から見えな

奥多摩で最も遭難が多い川苔山

い所に急斜面や岩場があり、毎年のように転落・死亡事故が起きている。

青梅警察署山岳救助隊副隊長の金《こん》邦夫さんに現場を3カ所、案内していただいたことがあるが、いずれもなんの変哲もない登山道だった。しかし、転んだ後に滑落し、さらにその下の岩場に転落して、死に至ったのだそうだ。言い換えれば、ほとんどの登山者は、そこで転ばなかったために、全く危険を感じずに通過しているのである。山が低いから、日帰りだから、自分に限っては、といった油断が事故につながると金さんは語る。死亡した1人は、川苔山に絵を描きに来た女性で、その景色を見せようと母親を連れてきて事故に遭ったという、痛ましい話を聞いたことも忘れがたい。

登山計画書の作成と提出は習慣に

この本で扱っている範囲の登山は、特に危険なものではないが、自然が相手だけに万一ということがある。大事故でなくても、転んで足を骨折して歩けなくなり下山できない、道を間違えて、途中で日が暮れ、その日のうちに下山できないなどの可能性はゼロとはいえない。登山計画書（登山届け）は、万一の遭難に備えて提出するものだが、計画書を作成する過程で、行程、装備などをシミュレーションしたり、見直したりすることが安全にもつながるので、必ず作成するようにしたい。

登山計画書の提出は、登山口にポストが置かれていることもあるが、事前に提出しておくと確実だ。道府県警本部地域課、所轄の警察署などに郵送すればよく、最近ではインターネットで提出できる警察も増えて、より利用しやすくなっている。東京都には警察署本部地域課がなく、所轄警察署に届ける。控えを留守宅や勤務先などにも置いておくのが理想的で、同行者の個人情報などの理由で不可能なときは、おおまかな行き先だけでも連絡しておきたい。

登山計画書には、届出日、団体名、責任者、住所・電話、目的の山、登山期間、最終下山日、メ

登山口にポストがあり、登山届を投函できる山も

ンバー（分担・氏名・性別・年齢・職業・住所・緊急連絡先）、日程とコースの予定、主な装備・食料など、緊急時連絡先などを記入する（204ページ参照）。登山口で提出する場合も、時間のロスがないよう、あらかじめ記入しておきたい。

実際には、登山者全員がきちんと計画書を提出しているわけではないが、万一のときに、捜索や救助活動がスムーズに行なわれるし、作成・提出する行為が登山や安全への心構えを確固としたものにしてくれる。高尾山のハイキングなどでは、計画書の提出には及ばないが、家族などには行き先をきちんと伝え、予定変更の際も連絡すること。連絡なく、予定を変更したために捜索が遅れたり、できなかったりすれば命取りになりかねない。

単独登山は本当に危険だろうか

ひとりで山を登るのは危険でしょうか？　という質問を受けることが時々ある。特に女性の場合は不安が大きいようだ。そもそも単独登山をしようという人は、消極派と積極派がいる。消極派は、まわりに一緒に行ってくれる人がいないので仕方なく、積極派は、計画や準備をすべて自分で行なうことで主体的な登り方ができ、感動も大きいといった考え方が根底にある。私の答は、消極派は同行者を捜すべき、積極派はおおいに出かけよう、である。

登山人口から考えれば、20～30人に1人は登山者がいるわけで、探してみれば意外に周囲にいるもの。最近はネットでパートナーを探すこともできるが、少なくとも最初は見ず知らずの人と出かけることになり、不安やリスクがつきまとう。最も安心なのは、登山のツアーや登山教室、登山用具メーカーやショップのイベントに参加することだ。それなりの費用は必要だが、出かける前の準備や用具、コースなどの質問にも対応してくれるし、山行中もペースや安全に気を配ってもらえる。

一方の積極的単独登山だが、コースの下調べ、登山中の地図読みや現在地確認など、グループだ

と、ついほかの人に頼りがちだったりすることにも注意深く、慎重に行動するので、むしろ安全な面がある。とはいえ、前述の「平成21年中における山岳遭難の概況」では、単独遭難者の死者・行方不明者は160人で、全単独遭難者の24％を占め、複数登山者の場合の2倍以上にあたるという指摘がある。この傾向は前年や前々年も同様である。特に女性の場合は事故に巻き込まれる不安があることもあわせて考え、少なくとも最初のうちは人が多く、山の難易度も低い高尾山の一般コースのようなところで単独登山を始めて、徐々にステップアップしていくのがよい。登山計画書の作成、非常用装備の携行などもパーティ登山以上にきちんとしておきたい。

意外に多い秋山の遭難

奥多摩の遭難を見ると、中秋から初冬の多さが目立つ。2009年は10月に7件、11月に5件、12月に5件で計17件。年間の30件の半数以上にのぼり、しかも、うち12件を道迷いが占める。秋で登山適期となり、登山者が増えること、急速に日が短くなることが主な理由だ。

1年で最も日没が早いのは12月の冬至と思われがちだが、実は、その半月前ぐらい。東京の平地で、2009年は11月29日〜12月13日の16時28分。逆に日の出が最も遅いのは冬至の半月後くらいで1月1日〜13日の6時51分。ほかの時期の日の出／日没は春分（3月20日）が5時45分／17時53分、夏至（6月21日）が4時26分／19時00分、秋分（9月23日）が5時29分／17時37分。高度が100メートル上がるごとに4〜5分程度、日の出は早く、日没は遅くなる。また、北へ行くほど年間の差がより大きく、東へ行くほど全体に早くなる。日没や日の出の時刻は秋分、春分に近いほど大幅に変わることとあわせて覚えておきたい。谷筋などの山かげでは日没時間前に暗くなるし、杉や桧の林の中などでは、さらに早く暗くなる。道を間違えて、迷っているうちに暗くなれば下山できな

いのはもちろん、夕闇が迫って不安になり、あせることが道を間違えて判断する原因にもなる。
気温の低下も秋山の注意点だ。東京の平年値で最も寒いのが1月下旬で、最高9・4度C／最低1・7度C。最も暑い7月下旬～8月中旬は最高31度C／最低24度C、9月下旬は25度C／19度C、3月下旬は14度C／6・3度Cである。高度が100メートル上がるごとに0・6度ほど下がるうえ、都心と山の温度差はさらに大きい。高原でも9月下旬には霜が降り、雪が舞うこともある。秋山のシーズンでも平地はまだ暑く、体が寒さに適応していないことも注意点。風や雨があれば、さらに体感温度が低下する。特に、秋の高山で低体温症による遭難が起きる要因にもなっている。

道に迷ったり、日が暮れてしまったら

登山の基本は、迷わず、スムーズに下山できること。そのためにはガイドブックや地図、指導標などで現在地、これから向かう道を確認しながら歩くことが大切だ。それでも迷ってしまい、現在地がわからなくなってしまったら、位置がはっきりわかる地点まで戻るのが大原則。下りの途中だと登り返さねばならず、おっくうだが、現在地などがわからないままに、こっちへ下れば元の道に合流できそうなどと当てずっぽうで行動すると、ますます迷う羽目になる。「迷ったら沢に下りる」というのも間違いで、道がないところを行くのは予想外に時間がかかるうえ、思わぬ滝や崖に出て進退窮まることもあるなど、危険でもある。結局、元へ戻るほうが安全で早い。「急がば回れ」である。

道迷いとともに、下山が遅れて暗くなったら、灯火がないと身動きがとれなくなる。実際に使わないまでも、持っているという安心感で、あせって行動して転んだり、迷ったりという事態も避けられる。日帰りだから、とか、低い山だから、とか考えず、懐中電灯は常に持っていく。両手を空けて歩けるヘッドランプがベストだが、小型の懐中電灯でもよい。光源はＬＥＤのほうが電球より軽く、電池が長持ちして、球切れの心配もほとんどないので、おすすめだ。懐中電灯は防水仕様が望ましく、電池切れに備えて、予備の電池を必ず持っていくことも重要だ。特に単独登山の場合、万一に備え、小型のものでよいので、予備の懐中電灯も持っていくと安心だ。ヘッドランプが故障した場合はもちろん、暗くなってから電池を入れ替えようとして、電池を落としてしまったときなど、予備の灯りがないと身動きとれなくなってしまう。

暗くなり、里がまだ遠く、行動が危険に思われたら、無理に行動せず、その場で夜を明かす（ビバークする）ほうがよい。なるべく平らで風雨などの影響がないところを選び、うずくまって、体力や体温を温存するようにして朝を待つ。地面からの冷えを遮断するためザックの上に座るとよい。より安心して夜を過ごすにはツェルトをかぶると理想的だが、エマージェンシー・ブランケットでもあると安心だ。山の夜は冷えこむが、夏の低山であれば凍死に至るようなことはまずない。

携帯電話で救助を求める例が多いが、山の中では圏外になること、通信がつながりにくいこともあるので、当てにしすぎないように。懐中電灯同様、雨具、予備の食料やウェアも必携。コンロとクッカーなどもあると心強い。高尾山のように安全な山を夜間に歩くなど、万一に備えて、トレーニングをしておくのもよい。

携帯電話は山で役に立つか

日常のちょっとした連絡に、待ち合わせに、携帯電話は欠かせなくなりつつある。山行でも、乗った電車が事故で待ち合わせの時間に間に合わない、といったときも、すぐ同行者と連絡がとれて、おたがいに心配しなくて済む。山の中に入ると、つながらない場合が多々ある一方、意外に通じることもある。全面的な信頼はおけないが、必携アイテムと考えたい。

同行者とはぐれたときだが、道迷いと同様、そうした事態に陥らないことが基本。歩いているときは、おたがい見失うほど間を空けない、人数が多い場合は休憩後の出発時に人数を確認するなど配慮したい。もし、はぐれてしまったら、山の中でおたがいを見つけることはむずかしい。行き交う登山者に同行者にたずねても、情報が得られるとは限らない。携帯電話やトランシーバーで連絡がとれればよいが、とれないことも想定して、落ち合う場所を決めておく。留守本部を決め、そこで伝言や中継ができるようにしておくと万全だ。

道迷い、ケガなどで救助を要請する場合、市外局番なしの110番でつながる。ただし、山から

の通話は所轄の警察署につながるとは限らない。要請する前に、落ち着いて、現在地をわかる限り整理しておく。道迷いなど現在地が判明しないときは、周りの目印となるもの、現在地までの道のりを説明するようにする。第3世代以降、特にGPS機能付きの携帯なら、おおよその通報場所を警察で確認もできる。通話は受信状態が安定したところで、なるべく移動せずに行なう。電源が切れると用をなさないので、山行前にフル充電し、予備バッテリーも持っていく習慣をつけたい。

山の中では、キャリア（通信サービス会社）によって、つながりやすさに差が出る場合が多い。現状はドコモがダントツ、次いでａｕ、ソフトバンクの傾向があることも注意したい。

山岳保険と救急セットは「転ばぬ先の杖」

晴れた日でも雨具を、日帰りの低山でも懐中電灯をなど、登山の「転ばぬ先の杖」的なアイテムの最たるものが山岳保険。使わずにすむにこしたことはないが、もし、必要な状況、たとえば、ケガをして民間のヘリコプターで運ばれた、道迷いで行方不明になり、民間の捜索隊が出動した、といった事態になれば、その費用はすぐ数十万円から百万円超になってしまう。かかった費用を払うのもたいへんだし、払うことができなければ周囲に迷惑をかけてしまう。山岳保険加入は登山者の義務と心得たい。

山岳保険では、ふつうの保険ではカバーされない、登山中の事故や遭難のときにかかった費用が支払われるわけだが、保険会社、保険の種類により、カバーする範囲が異なる。支払い条件などを比較検討し、自分の登り方に合わせて選びたい。

保険会社などによって呼び方が違うが、基本的には傷害保険に救援者費用などの補償特約を付けたもので、ハイキング用と本格的登山用の2種類がある。ハイキング用は危険度が低いハイキングコースなどを歩く登山者が対象、本格的な登山用はピッケル、アイゼン、ロープなどを使って山岳登攀を行なう登山者が対象となる。一見、明確に違うようだが、たとえば冬にスノーシューを履いて、雪の上の散歩程度の山を歩く場合も本格的登山とみなされるし、ヘリコプターでの救助費用はハイキング用ではカバーされない場合もある。

そのほか、年齢制限が設けられている場合もある。死亡・後遺障害、入院時などの保険金は、一般的な保険に準じて支払われる。保険金額などによって掛け金は異なるが、年間でハイキング用が3000〜5000円、本格的登山用が7000〜1万円程度が目安。大手保険会社のほか、山岳団体や登山用具メーカーで扱っている場合もある。

もうひとつ、事故やケガに備えて常時、携行したいのがファーストエイドキットなどとも呼ばれる救急セット。ファーストエイドとは最初の手当、つまり現場での応急手当をするためのものだ。消毒液、絆創膏、滅菌ガーゼ、三角巾、針・とげ抜き、虫さされ薬、風邪薬、胃薬、鎮痛・解熱剤、その他の常備薬と保険証のコピーを小さなバッグや容器にセットしておく。そのほか、救急用だけに使うものではないが、包帯などを切るためのナイフやハサミが一体になった小型のアーミーナイフ、傷口を洗うための清水なども用意したい。

■もし山道でクマに遭遇したら

とてもたくさんの人から受ける質問で、それだけ心配されていることなのだと思うが、山でクマに遭う確率は非常に小さく、まず遭わないといっていいくらいである。クマは見かけによらず臆病なので、人間の気配を感じると、逃げたり、隠れたりしてしまう。運悪く、気配が伝わりにくいとき、人が少ないエリアなどではクマとの遭遇率が少し高くなる。山菜採りの人にクマの被害が多いことの理由でもある。だから、クマと出会ったときのことよりも、クマと出会わないためにどうしたらいいか、つまり、人間の存在を知らせるにはどうしたらいいかを考えることが大切である。

最もポピュラーなのは熊よけの鈴だが、パーティの場合、足音や話し声がするだけでも効果がある。見通しがきく縦走路などはまず心配がなく、鈴などは不要だろう。見通しの悪い樹林など、鈴がなく心配な場合は、声を出すか、ストックを打ち合わせるなどでも効果がある。また、鈴は人間も耳障りに感じる場合があるので、人がたくさん歩いている山、そもそもクマがいない山など、クマの心配がない山では鳴らさない配慮もしたい。

そして万一、運悪くクマに出会った場合だが、距離が50メートル以上もある場合なら襲ってくることはまずない。驚かせないよう、ふつうに声を出すか音を立てれば立ち去り、登山者もそのまま通行できるはずだ。近距離だとクマも恐怖を感じていて、襲ってくる可能性もあるので、刺激しないように目を合わせず、ゆっくりと後ろへ下がって、その場を去る。近づいていくのはもちろん、写真を撮ったり、走ったりは厳禁である。

7 まだまだある山歩きスタイル

一歩ずつステップアップしていこう

ガイドブックの登山コースには、必ずグレード（難易度）が記されている。初心者向き、ベテラン向きなどざっくりとしている場合も、体力度・技術度・危険度など分けて記されている場合もあるが、グレードと歩行時間、コースの解説をチェックすれば、自分に合っていそうか見当が付く。

山の経験を積んだからグレードを上げる必要はない。しかし、最初は短時間のハイキングで息が切れたり、筋肉痛に悩まされたりしていたのが、だんだんと長距離や高い山の登山コースを歩けるようになるのはうれしく、励みにもなる。また、テレビや雑誌でアルプスなど高山の映像や写真を見ると、いつか登りたいと胸がときめくことだろう。

夏山の一般コースで、ある程度の体力や経験、技術など、登山の能力が備わっていけば、高山の登山もそれほどむずかしいものではない。能力を付けるためには、急がず、着実にグレードをステップアップしながら、技術や知識を学んでいくのがいい。たとえば、高尾山で慣れたら、奥多摩、丹沢など行動範囲を広げ、歩く距離や標高差を伸ばし、茶店などが当てにできない山へ、などと登

山の範囲を広げていこう。季節を変え、さまざまな時期に登ることも経験を豊かにしてくれる。さらに山小屋泊まりの山、奥秩父など2000メートル前後の中級山岳、などとステップアップしていけば、アルプスの縦走なども、だんだん敷居が低くなってくる。

　ステップアップによって、目標とする山よりグレードの高い山を登れる力を持っていることが余裕や安全につながる。そして、山をより楽しめるという側面もある。ステップアップを視野に入れて、長期的な山行予定を計画すること、アクセスなども含めて事前にガイドブックや情報収集で気づいたこと、実際に歩いたときのことなどまとめておくと、より確実に力が付く。

沢から登るコースが新鮮な奥武蔵・棒ノ折山

山の地形の基本は山頂、尾根、そして谷。一般的に尾根は明るく、樹林が切れれば展望もよい。逆に谷は暗く、カーブが続いて先が見えないことが多いが、曲がった先に現われる滝などの絶景に驚かされる楽しみもある。山を尾根と沢の両方から登ると、山の姿が立体的に見えて、おもしろい。

登山道は尾根上や斜面に付けられることが多く、谷沿いでも谷から少し離れたところを通る場合が多い。棒《ぼう》ノ折山《おれやま》の白谷沢は一般コースとしては珍しく、沢の中を通り、滝のかたわらを登る。関東ふれあいの道のコースなので、鎖なども整備されて、ビギナーでも特にむずかしいことはない。

名栗湖南岸の白谷橋から山道に入る。最初は植林の斜面を登り、藤懸ノ滝の上で沢に入る。飛び石伝いに徒渉するところ、両岸が切り立ったところなどもあるが、水量が多いときでなければ、特に苦労することはなく、落差10メートルほどもある白孔雀ノ滝に着く。流水の右に設けられた階段と鎖で登ると、沢は穏やかになり、源頭から斜面を登って岩茸石へ。さらに尾根道を登りつめると、展望が開けて棒ノ折山山頂に着く。帰りは滝ノ平尾根の尾根道でさわらびの湯に下れる。

白孔雀ノ滝手前を行く。両岸がせばまった地形は廊下と呼ばれる

沢の中はサワシバ、カエデ類など水辺を好む木が多く、尾根道はコナラなど日向を好む木が多いなど、植生の違いを知ることもできる。なお、下りではなく、登りコースでの利用が安全。増水時は危険なので、降雨時や直後は注意を。凍結することがある冬も避けるほうがよい。

道のない沢を登る楽しさに目覚めたら、登攀やルートファインディングの技術を学び、しっかりしたリーダーについて、沢登りにチャレンジするのもいいだろう。

■西武池袋線飯能駅（バス）さわらびの湯（25分）白谷橋（50分）白孔雀ノ滝（40分）岩茸石（45分）棒ノ折山（30分）岩茸石（1時間30分）さわらびの湯／歩行時間計4時間40分

時差登山で夜景と朝を楽しむ湯河原・幕山

幕山は温泉地・湯河原の低山。登山者には幕岩での岩登り、ハイカーや行楽客には斜面に広がる湯河原梅林で知られる。昼は途中までバスがあるが、湯河原駅から歩いても2時間ほどで山頂に着ける。昼でも暗いような杉や桧の植林を歩くところが少なく、山頂は開けているので、お手軽ナイトハイクにも好適。ということで、春、満月の日に合わせて登ってみた。

昼間はにぎわう山道も、ほかに人影はなく静か。残念ながら、曇って月見はできなかったが、標高626メートルの山頂からは、真鶴から熱海など、街の灯が宝石をばらまいたように見えて美しかった。軽く食事をしているうち、時おり雲が切れ、満月がのぞいて、箱根方面の山なみをうっすらと照らし出すなど、幻想的な眺めも見られた。少し仮眠し、夜が明けてから、南郷山経由のコースでのんびり歩く。朝、早いので、新緑に夜露が残り、朝日にキラキラ輝いているのも、ふだんのハイキングでは見られない光景だった。

五郎神社へ下山して、朝9時30分から営業している「ゆとろ嵯峨沢の湯」へ足をのばす。ふだん

広場状に開けて月見にも好適な幕山山頂

のハイキング帰りだと入浴時間があまりとれないが、まだ10時過ぎなので、ゆっくり朝風呂につかれた。風呂から上がると、ちょうど昼。併設の食事処では、相模湾に面した地の利で海鮮メニューも豊富だ。まずは生ビールで乾杯し、地アジのなめろう（元は房総の漁師料理でアジと味噌、ネギなどを叩き、あわせたもの）を肴に、まったりと過ごした。食事に頼んだアジ寿司丼も身厚でシコシコ、油ののったアジが絶品。満ち足りた思いで帰途についた。

■ＪＲ東海道本線湯河原駅（１時間）幕山公園（１時間）幕山（50分）南郷山（１時間）ゆとろ嵯峨沢の湯（バス10分）湯河原駅／歩行時間計３時間50分。時差登山のノウハウは１６８ページ参照。

テントに泊まって登れる頸城・火打山

「山に登るということは、絶対に山に寝ることでなければならない」（『新編・山と渓谷』岩波文庫）。明治から昭和にかけ活躍、特に奥秩父の開拓に功績を残す登山家・田部重治が、山の息づかいを間近に感じて夜を過ごし、山との一体感を得る重要性を説いた名文の一節である。その一体感は、設備が整った山小屋より、テントに泊まったときのほうが大きい。

私が登山用具の進化で最もうれしいのは野営用具の軽量化である。最近のテントはフライシートなど付属品込みで1キロ台前半。寝袋、バーナー、クッカーなども軽量化が進み、かつては中高年になったら無理と思っていたテント泊山行が可能になっている。

とはいえ、幕営用具一式に食料まで自分で持ち運ばなくてはならないし、用具を買いそろえる費用も5〜6万円ほどかかってしまうので、ちょっと敷居が高い。そこでおすすめしたいのが、登山口付近で自然度の高いキャンプ場をベースとして、登山は軽装というスタイル。笹ヶ峰キャンプ場は牧場を思わせる高原にあるが、水場や売店、トイレが整備され、テントに慣れていない人も快適

天狗ノ庭の湿原で、これから向かう火打山を眺める

に泊まれる。車ならファミリーキャンプの用具を積んでいけるし、途中の日帰り温泉も利用できる。
　火打山は標高2462メートル。豪雪地で遅くまで残雪があるので登山適期は6月なかばから10月上旬ごろまで。高谷池周辺などに湿原も広がり、シーズン初めのミズバショウ、盛夏のハクサンコザクラなど高山植物の宝庫で、アルプス以外では珍しいライチョウ生息地でもある。
■ＪＲ信越本線妙高高原駅（バス1時間）笹ヶ峰（2時間20分）富士見平（45分）高谷池ヒュッテ（1時間）火打山（1時間）高谷池ヒュッテ（35分）富士見平（1時間30分）笹ヶ峰／歩行時間計7時間40分。高谷池ヒュッテにも泊まるとラクで、妙高山にも登ることもできる。

岩場に挑戦できる奥秩父・乾徳山

急峻な岩場を通る登山コースでは、転落などの危険性がぐっと高くなるし、初歩的な岩登りの技術や知識も要求される。一方で、登りきったときには、ふつうの登山にはない達成感や爽快感が得られる。この本で紹介した立山などには、岩場はあっても、両手を使うような本格的な岩登りをする場所はないが、槍ヶ岳や穂高岳、劔岳などでは岩登りを避けることはできない。乾徳山《けんとくさん》のように岩場がある山を登ることは、そのためのトレーニングにもなる。トレーニングといっても、それなりの技術が必要で危険性もあるので、経験者と同行するなど慎重に行動したい。

乾徳山は大菩薩連嶺の西に岩峰をもたげ、中腹に草原、その下に森林が広がり、変化に富んだ行程を楽しめる山でもある。バスの便が少なく、日帰りはやや強行軍なので、できるだけ早出するか、麓の民宿で泊まると、よりラクだし、安全でもある。登り始めてしばらくは展望に恵まれない急登が続くが、銀晶水、錦晶水の水場がのどをうるおしてくれるのはうれしい。傾斜がゆるむと国師ヶ原の草原に出て、さらにひと登りした扇平で尾根道となる。この先、3カ所の鎖場があり、最初は

乾徳山山頂直下の最大の岩場を登る。登り切るとすぐ山頂に飛び出す

5メートル、次は10メートル、最後の鎖場は山頂直下で25メートルほどと高くなっていく。

最後の岩場は下から見るほど切り立ってはおらず、足場もあるが、危険を感じたら右側から安全な巻き道を登ろう。飛び出した乾徳山山頂は標高2031メートル。狭いが、岩峰だけに展望は見事だ。富士山、南アルプス、奥秩父など360度のパノラマが登頂の喜びを倍増してくれる。
■JR中央本線塩山駅・山梨市駅（バス30～40分）乾徳山登山口（1時間）銀晶水（1時間）錦晶水（40分）扇平（1時間）乾徳山（40分）扇平（1時間20分）道満山（1時間）乾徳山登山口／歩行時間計6時間40分。車利用になるが大平牧場からは4時間ほどで往復できる。

巨樹と巨岩の洋上アルプス　屋久島・宮之浦岳

北海道の利尻山、佐渡の金北山、伊豆諸島の八丈富士など、離島の山はロマンを誘う。なかでも極めつけは屋久島。周囲100キロほどもある島は標高1995メートルの最高峰・宮之浦岳をはじめ、花崗岩の巨岩をいただく高山を連ね、洋上アルプスとも呼ばれて、登山者を魅了する。縄文杉に代表される屋久杉の巨木もほかに例を見ず、島の20％あまりが世界自然遺産に登録されている。

一般的には縄文杉、宮之浦岳をそれぞれ日帰りで登るが、山慣れた人なら無人小屋に泊まれば2日行程で縦走でき、縄文杉と宮之浦岳の間を歩くことで、屋久島の印象がより深いものとなる。私は楠川の海岸から白谷雲水峡、もののけ姫の森、縄文杉を経て宮之浦岳に登頂。第2の高峰・永田岳から大川ノ滝の海岸へと、2泊3日行程で屋久島を横断したが、累積標高差が2000メートルを超えるダイナミックな登山で、麓は亜熱帯、山頂部は亜高山帯という垂直分布など屋久島独特の自然にもたっぷりと触れて、忘れられない山行のひとつとなった。

山小屋に泊まるためには寝袋などが必要で、屋久島の地元ガイドによる現地ツアー、全国各地か

シャクナゲが咲き誇る平石付近から宮之浦岳を望む

らのツアーともに用具のレンタルもあるが、装備を軽量化したい人はコンパクトな製品を用意していくほうがよい。適期は5～11月初めだが、混みあう5月や夏は避けたい。また、全国有数の多雨地なので、豪雨による増水、土砂崩れなどの可能性があることにも注意したい。

■宮之浦港（バス1時間20分）荒川登山口（2時間20分）大株歩道入口（2時間30分）縄文杉・高塚小屋（1時間30分）新高塚小屋（3時間40分）宮之浦岳（1時間30分）投石平（40分）花之江河（2時間40分）紀元杉（バス1時間30分）宮之浦港／歩行時間計14時間50分。軽装で荒川登山口から縄文杉往復は8～9時間、紀元杉～宮之浦岳往復は9～11時間。バスは空港・安房港など経由。

雪上ハイキングを楽しむ上信・高峰高原

標高2000メートルの高所までバスが通じて、初夏から秋のハイキングに親しまれている高峰《たかみね》高原だが、冬のスノーシュー・ハイキングも素敵だ。長野県の東端に位置して、季節風の影響が少ないので、冬も晴天率が高く、標高とあいまってサラサラのパウダースノーが待っている。

かつて冬の雪山はエキスパートのみに許された世界だったが、スノーシューが登場し、高原などの雪上ハイキングを楽しむスタイルが定着した。冬山独特の気象変化や低温には十分に注意する必要があるが、中高年のビギナーにも親しいものとなっている。

高峰高原では、ビギナーなら夏の林道をたどる池ノ平湿原が安心だ。全体になだらかで、迷うところも少ないし、雲上ノ丘に登れば北アルプスなどの山岳パノラマも迎えてくれる。山慣れた人なら黒斑山がおすすめ。日和がよければ表コースを登るとアルプスや八ヶ岳の展望が素晴らしく、外輪山の尾根に登り着けば、火口原を隔ててそびえる浅間山が圧巻だ。首都圏から日帰り可能だが、高峰温泉、高峰高原ホテルなど居心地がよく、登山者に親切な宿があるのも高峰高原の魅力である。

黒斑山山頂に立つと湯ノ平を隔てた浅間山が大きい

宿泊すれば両方のコースを、余裕を持って登れるし、ともにスノーシューなど用具のレンタルやガイドツアーも利用できる。気配りが行き届いたサービス、地元の食材を活かした夕食、八ヶ岳や中央アルプスを眺める雲上の風呂も楽しみで、快適な一夜を過ごせる。

■長野新幹線佐久平駅（バス1時間）車坂峠・アサマ2000スキー場。池ノ平湿原はアサマ2000（20分）高峰温泉（50分）湿原入口（40分）雲上ノ丘（1時間15分）高峰温泉（15分）アサマ2000／歩行時間計3時間20分。黒斑山は車坂峠（1時間45分）トーミの頭（20分）黒斑山（15分）トーミの頭（1時間20分）車坂峠／歩行時間計3時間40分。バスはしなの鉄道小諸駅経由。

意外に手軽なスイスアルプスのハイキング

日本の高山より1000メートル以上も高く、氷河も発達した岩と雪の王国、ヨーロッパ・アルプス。高峰のピークを登るには登攀の技術が必要で、ハイキングコースは高峰の中腹、雪がない草原地帯などを歩く。ツェルマット、グリンデルワルトなど登山基地となるホテルに泊まり、コースの起点まで登山鉄道やロープウェイで登って、歩いて下りてくるのが一般的。荷物はホテルなどに置いて軽装で歩けるし、歩行時間も1、2時間程度からあるなど手軽。しかも、氷河を抱く高峰の展望や点在する湖など、絵のように美しい、という表現を実感する風景が広がる。高山植物も豊富で、お花畑の規模も大きいなど、魅力が満載だ。

高峰でもブライトホルン（4164メートル）など、技術的に容易な山もある。標高3820メートルのクラインマッターホルンから半日で登れて、技術的に困難な箇所はない。ガイドも簡単に頼めるので、日本にはない標高で、氷河の上にそびえる山に雪山ビギナーも登頂できる。スイスでは車窓にアルプスを望む鉄道のアクセス、チーズフォンデュなどの料理も楽しみとなる。

マッターホルンを眺めながら歩くクライネシャイデック付近のコース

自力での計画や言葉に不安がある人も、ツアーが多数出ているので、希望に合う日程やコースの計画を見つけることはたやすい。

ヒマラヤのトレッキングではテント泊が主体になるが、ツアーでは荷物はポーターが持ってくれるし、1日に歩くのは実質、半日分程度の歩程である。食事も日本人の口に合うものを用意してくれるなど、これまた心配のない内容になっている。

ハイキング感覚で登れる山や人気コースはフランスやイタリアのアルプス、ニュージーランド、カナディアンロッキー、北米のヨセミテやイエローストーン、南米のアンデスなど世界各地にあり、国内の山では得がたい経験や景観が待っている。気軽に出かけて、文字通り、世界を広げたい。

■グループ行動中、急に体調が悪くなったら

突然、体調を崩して、ついていくのが苦しくなった。こんなときどうするかと聞くと、最も多いのが「ほかの人に迷惑をかけないよう無理して登る」というもの。気持ちはわかるが、無理は禁物だし、こじらせて、まったく歩けなくなってしまえば、さらに迷惑がかかる。異常を感じたら、早めにリーダーへ話をしておき、ペースメーカーである先頭の人の次を歩いてペースを合わせてもらう、必要なら休憩するなど対応してもらうのが安全である。次に多い「後からゆっくり追いかけるので、先に行ってください」も対応は同様だ。単独で後から行動すれば、道迷いの危険もあるし、途中で歩けなくなってもわからない。どうしてもという場合はベテランが付き添うようにする。

山で不調に陥らないよう、事前に体調を調えておく、高年齢になったら定期的に健康診断を受けておくなどの予防的措置も大切だ。また、不調の原因として、出かける前の睡眠不足、山行の緊張感などが引き金になることも多い。特に、大きな山へ行く前は、低い山や行き慣れた山で足慣らしをしておく、出発前は十分に睡眠をとり、身体を休めておこう。歩き始める前のストレッチなどのウォーミングアップも有効だ。足がつりやすい人は休憩時にマッサージなどするのもよい。

ツアーなど、初対面の人の中に入ると、「大丈夫？　歩けるかしら?」という不安も生じがちだが、そのストレスが不調の引き金になることもある。ツアーのリーダーはそうしたことも含めてパーティに注意を払っているので、安心して参加していただきたい。もし、不安があったら、事前に相談、質問しておいたほうがリーダーも対応しやすいことも心得ておこう。

8

自分らしいテーマで山を満喫しよう

登り方も楽しみ方も自由自在

山の登り方には、ふつうのスポーツのようなルールなどなく自由。同じように、山でなにを見るか、なにを感じるかも自由だ。百人の登山者がいれば、百通りの楽しみ方があるのだ。なるべくなら、自分なりの発見や感動があると、山はより楽しく、豊かなものになると思う。

人間は五感、すなわち見る、聞く、触る、味わう、嗅ぐという行為でさまざまなものを認識し、情報を得る。実際には五感の中でも視覚による情報が多く、ほかの感覚はなおざりにされがちだ。たとえば、山の中で音がしないと思っているとき、立ち止まって目を閉じてみると、視覚以外の感覚が鋭敏になって、遠くのかすかな鳥の声、せせらぎの音などが急にはっきり聞こえてきたり、しっとり湿った土の匂いが鼻をくすぐったりする。同じように見える木の葉も、触ってみるとツルツルだったり、ザラザラだったり。視覚にしても、見ているようで、実はちゃんと見ていなかったということが往々にしてある。

〝頭でっかち〟という表現がある。知識は豊富だが、実行がともなわないという意味だが、先入

自由な感覚で山を登りたい

観や既成概念が邪魔して、五感が活用されていない状態にも当てはまりそうだ。五感をフルに活用してみれば、それまで気づかなかった山の表情が見えてくる。そして、あらためて感じたり、考えたりしてみると、知識は山とふれあううえで邪魔になるわけではなく、活用法を心得れば、山を知るのに有効、というより、欠かせない手段であることもわかってくる。

五感プラス知識で山にふれることを強くおすすめしたい。さらにいえば、そんなことを考えず、ただ、ボーッと過ごすのもいい。そんな気ままさ、個人個人に属する楽しみ方の自由さに山のおもしろさがある。

季節やコースで変わる山の表情

山を始めて間もなくは、次々にいろいろな山を登ってみたいもの。でも、それが落ち着いたら、同じ山を、季節やコースを変えて登ると、また違う山の顔に接することができ、山の印象がより深いものとなる。風景だけとっても、季節が変われば、林は新緑、紅葉など装いを変えるし、花も変わる。遠望する高山も雪山だったり、夏山だったりの変化がある。季節による気温の変化、日照時間の変化なども、同じ山で経験すれば、より実感をともなって把握できる。

コースを変えるのも興味深い。一般的に北側と南側、東側と西側では植生が異なることが多いし、同じ側でも尾根道と沢沿いのコースでは印象が大きく異なる。高尾山は植物の垂直分布でいえば、丘陵帯から山地帯に移行し始める高さ。1号路が通る尾根の南側、3号路沿いは温暖なので、カシ、シイなど常緑広葉樹が主体で、丘陵帯の植生が見られる。逆に北側の4号路沿いは日照が少なく、気温が低めなので、山地帯に属するイヌブナなど落葉広葉樹が主体で、大きく雰囲気が異なる。

季節の中でもかなりピンポイントな期間だが、山によっては、富士山の山頂に夕日が沈む、ま

たは富士山の山頂から朝日が昇る〝ダイヤモンド富士〟を眺められる。高尾山の場合は冬至の前後数日間で、ケーブルカーの最終も延長され、日没後の下山も安心だし、ほかの時期なら人影少ない山頂がダイヤモンド富士目当ての人でにぎわうのも珍しい眺めだ。同じ時期、山頂西側のモミジ台付近にシモバシラをたずねる人も多い。シモバシラはシソ科の植物で、冬、枯れた茎が地中の水分を毛細管現象で吸い上げ、茎の側面から霜柱を生やす。花のようにも見えることから氷華と呼ばれ、美しいが、気温や地中の水分によって、同じ季節でも年によって大きさや形が異なり、足繁く通うファンもいるほど。通えば通うほど、山は新しい顔を見せてくれる。

視点を切り替えてミクロに見る

視覚が漠然としている、では、どうやって見たらいいのだろう。そう感じたら、ただ注意深く見るだけではなく、視点や範囲をふだんと変えてみるとよい。たとえば花。ウスユキソウを例に取り上げてみよう。ふつうは咲いているのを見ても「あ、ウスユキソウ」と思うだけで終わり。なかにはまったく気にしない人もいて、それはそれで自由なのだが、ここでは、よく見ることがテーマなので、まずは足を止めて、じっくり見てみよう。うんと近づいて、虫メガネを使って見てみるといい。虫メガネは百円ショップのもので十分。むしろ、高価なもののようにケースにしまったりせず、そのままポケットに入れておくなどラフに使えて、活躍する範囲が広がって好ましい。

ウスユキソウは白い星形の部分全体を花と思いがちだ。しかし、本当の花は中央部に集まっている丸い部分。しかも、虫メガネでのぞいてみて、初めてわかるのだが、その丸いもののひとつひとつが小さな花の集まりで、ひとつひとつの花にちゃんと花びらがある。ここで知識もあると、さらに楽しいのだが、ウスユキソウ属の学名はレオントポディウム（Leontopodium）。レオンはライオ

一見全体が花に見えるが、花びら状の総苞葉の中央に頭花（右）がついているミネウスユキソウ

ン、ポディウムはポッド、足に由来する。三脚をトライポッドということなども思い浮かぶ。なぜウスユキソウの花がライオンの足かというと、本来の花である丸いかたまりが集まった様子をライオンの足の裏、つまり肉球に見立てたものなのである。さらに、虫メガネで見ると、花びらのように見えるのは、葉が変化したものなのだが、白く見えるのは、色が着いているのではなく、白い細かな毛が密生しているのもわかる。この白い毛は、毛の中の細胞液が抜けた状態、いわば両端が閉じたマカロニ状になっていて、ウスユキソウを乾燥など高山の過酷な状況から護るのに役立っているのだという。山のウェアや保温用の新素材と同様、中空繊維だったりするのである。

マクロに全体や環境を見回してみよう

「木を見て森を見ない」ということわざに象徴されるように、細部にこだわると、全体を見失いがちだ。近寄って、よく見たら、植物の全体の形や特徴も見てみよう。さらに、その植物がどんなところに生えているか、まわりの環境はどうなのかにも注意してみるといい。むずかしく考えなくても、ちょっと注意深く見ているうちに、ウスユキソウなら砂礫地や草原に多いことがわかってくる。そのほか、山では湿原、岩場などがあり、同じ砂礫地でも風当たり、積雪、傾斜や向きなどでも環境は変わってくる。

高山を歩いていると必ず見られるハイマツは、〝這松〟の名前のとおり、地面に倒れるように茂っているが、その高さは人の背丈ほどの高さの場合もあれば、10センチほどと低い場合もある。高さの違いは積雪の量によるのだが「ハイマツの背が高いところと低いところ、どちらが雪が多いと思いますか?」と聞くと「低いところ」と答える人が多い。雪で押しつぶされて背が低くなるのだと思うからだが、実は逆なのだ。冬の高山は気温が零下20~30度Cくらいは当たり前。しかも強風

ハイマツ、草原、砂礫地、岩場、雪渓など環境を注意してみよう（北アルプス白馬岳）

が吹きつける。ハイマツの枝が露出していると枯れてしまうが、雪の下にあれば寒気や風から護られる。冬山で雪洞に泊まると、温度が零度C付近までしか下がらず、むしろ暖かいのと同じ理屈であり、ハイマツの丈から積雪量を推定できるのである。

一方で、ハイマツは雪の下にある期間が長いと生育できないことから、ハイマツがあるところは雪解けが早いことがわかる。高山で山肌を眺めると、ハイマツは尾根筋に多く、雪渓が残るような沢筋には見られないことがわかる。雪解けが遅いところは笹原、さらに遅いところは雪田跡植生と呼ばれる草原になり、チングルマ、アオノツガザクラなどのお花畑となる。

カメラを通すと山を再発見できる

カメラを持っていくと、写真を撮ることで安心してしまって、見ることを怠りがち。そのため山の印象が散漫なものになってしまう。という考え方がある。私も最初はそう思っていたが、実は、逆ではないかと考えるようになってきた。印象が散漫なのは、カメラを持っているからではなく、もともとがきちんと見ていなかったからではないか。

もうひとつ、写真が思ったように撮れない、という声もよく聞く。特にフィルムカメラでは、撮ったときは傑作のつもりが、現像してみたら全然、意図と違ったという経験をされた方は多いだろう。これもきちんと見ていないことが大きな理由だと思う。かたわらで見ていると、風景を前にして、カメラを構えてから構図を考える、あるいは考えずに漫然とシャッターを押す人が多く、思い通りの写真が撮れないのも当然と思う。

自分が被写体の何に感動して写真を撮ろうと思ったのかをしっかり認識すれば、おのずと狙いは絞られてくるはず。その狙いを活かす構図、切り取り方を工夫すれば、撮れた写真がずっと自分の

カメラを通して見ることで新たな視点が生まれる

感覚に近くなっているはずだ。大多数の人が使っているコンパクトデジカメでは、電源を入れたときはレンズが広角側にセットされる。まめにズームを操作して、少し望遠側にすると、撮りたい対象がより明確に表現されることが多い。可能なら、被写体に一歩近づいて見るのもよいし、同じ被写体を縦と横、両方で撮ってみるのもいい。そうした工夫をして撮れば、写真を撮ることは、目の前の風景、花などの被写体を見るヒントをくれたり、新たな視覚を開いて見せたりしてくれて、見ることを怠るどころか、よく見ることを助けてくれる。そのためにも、山をよく見て、シャッターをたくさん切るとよい。枚数を気にしなくて済むデジカメなら、なおさらである。

花の撮影は画角を変えるのがポイント

花を見るとき、うんと近づいて見たり、環境も含めてみたりするとよい、という話をしたが、写真も同様だ。デジカメになってからはマクロ（近接）撮影がしやすくなり、肉眼ではわかりづらいアップまで撮れて、虫メガネで見るときと同じような感動が得られる。一方で、アップの写真ばかり撮りがちで、家に帰って植物図鑑と照らし合わせると、種類を判別するための葉の特徴が写っていなくてわからないという事態になったりもする。

観察するときと同じように、超アップから花の全体、その植物の全体、葉の付き方や形がわかるカットなど、いろいろ撮るといい。さらに、その植物が生えている環境もおさえておくと理想的だ。これもフィルムや現像代を気にしなくて済むデジカメならではの恩恵である。ただ、マクロ撮影が容易になったといっても、ふつうに風景などを撮るより失敗の確率が高い。原因で最も多いのは手ぶれで、マクロ撮影ではピントが合う範囲（被写界深度）が狭くなるための、いわゆる前後ブレも問題になる。カメラをしっかり構え、そっとシャッターを押すなど、慎重に撮影したい。

バックがぼけると主役のコマクサが浮き立つ。コンパクトデジカメでも撮影可能だ

特に晴れた日に白い花を撮った場合に多いのだが、花のトーンが飛んでしまうこともよくある。カメラが写っているもの全体に露出を合わせてしまうためで、露出補正、EVコントロールなどと呼ばれる機能を使い、花に露出を合わせることで防げる。

百円ショップの虫メガネはマクロ撮影でも活躍する。コンパクトデジカメのマクロは最短で撮影できるのが広角側で、もっと大きく写そうと思うとピントが合わなくなることがしばしば。そんなとき、中心を合わせて、虫メガネをレンズに押し当てると近づいて撮影できる。望遠側でマクロ撮影すると、広角側より遠近感が自然になる。被写界深度が狭くなるのでピントには注意が必要になるが、前後の花などがボケて、一眼レフのような写真も撮れるなど表現の幅が広がる。

スケッチは上手下手に関係なく楽しめる

スケッチと聞くと興味は示しつつも「敷居が高い」「才能がないから」と敬遠する人は多い。人に見せて恥ずかしくない絵が描きたいが大変そうと思われるようだが、要は自分が楽しめるかどうか。冬山も、岩も氷も、さらに海外の高山まで登るエキスパートと、高尾山をまったり、のんびり登る人では、登山のレベルが違っても、人それぞれの楽しみという点での優劣はない。スケッチも同じように、うまいとか、レベルが高いとかは重要ではない。むしろ、一見、上手な絵を器用に描く人より、その人なりに地道な努力をしている人のほうが、絵を描くことで得るものは多い。

なにを得られるかをひとことで言えば、対象を深く見られるようになること。写真なら、とりあえずシャッター切るだけで写すことはできる。スケッチでは表現の技術とか以前に、とにかく見て、把握しないと描き始めることさえむずかしい。大変に感じるかもしれないが、一歩を踏み出せば、意外と楽しく、努力する過程が大切でもある。自分を省みてみれば「才能がないから」というのは謙虚そうだが、実は努力していないことの言い訳であることが多い。どんなに才能があっても、描

春の奥武蔵・巾着田から日和田山を描いてみた

かずに上達するなどあり得ない。エジソンでさえ「天才は99％の努力と1％の霊感」と言っている。
絵を描くことで世界が広がり、成長する自分がある。ちょっと堅苦しい言葉を使えば、絵を描くことも登山と同様、生涯教育なのである。
スケッチは道具も面倒に思うかもしれないが、意外に手軽。私の場合は27×19センチほどの水彩用スケッチブック、鉛筆と油性フェルトペン、消しゴム（練りゴム）、着彩用には透明水彩用を100円ショップのパレットにあらかじめ出し、固まった状態で持っていく。描き方などは『今から始める山のスケッチ』（山里寿男著・山と溪谷社）をぜひ、参考にしていただきたい。用具や描き方はもとより、山岳画家の第一人者の作品が豊富に収録され、見ているだけでも楽しめる。

山頂での最大の喜びは展望にある

山の楽しみは十人十色だが、多くの人が挙げるのが山頂などからの展望。自分の足で登った後だけに、ひときわ感動的で、同じ場所でも車で乗りつけるのとは違う、ご褒美のような喜びがある。

山々のパノラマはそれ自体、素晴らしい眺めだが、見える山々の名前を判別する山座同定ができるようになると、さらに楽しい。最初のうちはどれがどれだか見当がつかないが、たとえば富士山のようにはっきりわかる山を探し、その隣は？　というように探っていくといい。展望がいい山はガイドブックに解説が載っていたり、山頂に展望盤やパノラマの解説板が設置されていることも多いので、見比べて調べることもできる。ベテランがいたら、聞いてみるのもよい。ビギナーなら遠望する山の美しい姿に登高欲をかき立てられたり、ベテランなら頂上に立った山を懐かしく眺めたりして、山頂の楽しいひとときを過ごせる。展望を目的に、眺めがよいことが多い一等三角点の山を選ぶ人、富士山の眺めがよい山に登る人など、さまざまな楽しみ方がある。

パソコンを使っている人はフリーソフトのカシミール３Ｄをぜひ使いたい（ウィンドウズのみ）。

美ヶ原王ヶ鼻からの北アルプス槍・穂高連峰展望図。カシミール3Dの描画機能カシバードで描いた。風景の仕上げも夏山、雪山などから選べる

任意の地点からの展望図が簡単に描けて、日時まで指定可能。太陽や月も描けるので、後でふれるダイヤモンド富士なども調べられる。高度も任意に設定できるので、上空数百メートルなどにすれば鳥瞰図も描けるし、カメラの交換レンズに相当した画角が選べたり、地表を新緑、紅葉、雪山などの季節の情景に変えられたりと機能満載。元になる地形図のデータが必要で、解説書の『カシミール3D』シリーズ（杉本智彦著・実業之日本社）付録のデータを利用するのが合理的だ。カシミール3Dは展望以外にも、地形図、国土地理院の地図閲覧サービスのデータなどもシームレスで閲覧できるし、GPSのデータ表示や編集もできるなど、登山者には利用価値が大きい。

目標と意欲を与えてくれる『日本百名山』

「山高きがゆえに尊からず」ということばがあるように、高い山も低い山も、名山も無名山も、それぞれに魅力がある。しかし、高い山、名山には、独特のオーラがあるのも事実で、日本百名山の人気もうなずける。百名山の元となっている深田久弥の『日本百名山』は、百名山選定委員会というような機関が選んだのではなく、深田久弥が個人的に選んだもの。深田久弥自身が後に書いたように、執筆時は未踏で、後に登って百名山にふさわしいと感じた山も洩れている。とはいえ、だれが選んでも大部分は重なるだろうと思わせる普遍性や説得力が深田百名山にはある。

ただし、『日本百名山』は名山の選出や紹介を目的としたわけではなく、紀行文学として著されていることを強調しておきたい。百名山の選出にあたっては、高さは基準の一部で、山容、歴史、自然、山の品格などさまざまな面から山が掘り下げられ、そのことが描かれた山々の魅力を浮き彫りにしてくれる。しかし、百名山登頂を目指す登山者には、著作に関心がなく、とにかく百の頂に立てばいい、という人が少なくないのは残念だ。どう登るかは人それぞれとはいえ、せっかくなら『日本百名山』を読めば、登って得られるものはより大きいと思う。文庫化もされているので、一読をすすめたい。

たとえば美ヶ原では、山の詩人・尾崎喜八の「登りついて不意に開けた眼前の風景に、しばらくは世界の天井が抜けたかと思う」という「熔岩台地」が紹介される。樹林の斜面を登り切って、高原台地の一角に飛び出した感動を美ヶ原の魅力のひとつとして挙げるためだ。だから、百名山としての美ヶ原の魅力を堪能するには、尾崎喜八や深田久弥と同じ百曲コースではないまでも、麓から登って、その感動を共有できれば理想的だ。それを車で台地上まで登り、お隣の霧ヶ峰、さらには蓼科山なども1日で登って、山々のエッセンスにふれることが少なくなるのはもったいないと私は思う。サン・テクジュペリの『星の王子さま』のこんなシーンを思い出す。喉が渇かない薬を売る男に利用価値をたずね「1週間で53分の時間を倹約できる」と聞いた王子さまは「53分という時間を好きに使えるならどこかの泉へゆっくり歩いて行くんだがな」と思うのである。

とはいえ、最もラクなコースで登頂したとしても、百名山の魅力の一端にはふれられるし、完登にはそれなりの努力も必要だ。北は北海道の利尻山から南は鹿児島県の屋久島・宮之浦岳まで、全国の山を登った日々は、かけがえのない財産となって、心に残るだろう。

花は山から贈られる季節の便り

首都圏だと、まだ北風が冷たい1月に、あちこちから花の便りが届く。スイセンをたずねる房総の鋸山《のこぎりやま》や富山《とみさん》、ロウバイ園が芳香で包まれる外秩父の宝登山などだ。続いて2月に入ると、梅があちこちで咲き始める。山に野生する木ではないが、梅林を訪ねながらの里山歩きには春の訪れを感じられて心がときめく。さらに吹く風に暖かさが感じられるようになると、高尾山など近郊の低山にもスミレやネコノメソウなどの野草が花開く。このあたりから季節は早く、カタクリや桜が咲いて芽吹きが始まり、新緑、ツツジと花のシーズンが続く。

低山の新緑が濃くなり、花暦が一段落する初夏には高原で芽吹きや開花が始まり、例年、5月もなかばを過ぎると尾瀬のミズバショウがニュースを賑わす。盛夏になれば高山のお花畑も花盛り。花を訪ねて、各地の高山へ足をのばす日々が続く。

高山では8月もなかばを過ぎると秋めいて、トリカブトやリンドウの仲間など紫の花、キク科の黄色い花などが目立つようになり、9月なかばには大雪山から紅葉の頼りが届き、本州の高山も草

まだ風が冷たい３月下旬、カタクリが雪の下から春を教えてくれた

もみじが始まる。１０００〜２０００メートルほどの中級山岳では、まだ花のシーズンが続き、マツムシソウ、リンドウの仲間など晩夏から初秋の花が咲き誇る。高山は9月下旬〜10月初め、中級山岳も10月は紅葉がピークを迎え、一年で最も華やかな装いを見せるが、低山はまだ秋草の花が見ごろ。11月ごろに紅葉がピークを迎える。紅葉のころになると花はほとんど終わりだが、草木の実が宝石のように赤や青に熟し、冬枯れの林にも彩りを添えてくれ、年が明けるころには、また新たな花の一年が始まる。

人と付き合うとき、顔や性格の特徴を知ると、ずっと親しみが湧き、付き合いやすくなるように、花に親しむことで見えてくる山の表情もある。

山はどうしてできたのかを探ってみると

ここ50年ほどの間に確立したプレートテクトニクスの理論は、地球を十数枚のプレート（板）が覆い、それぞれに動いているとする。プレートは硬い岩石で、厚さ数十〜200キロほど。日本の周辺は大陸プレートのユーラシアプレートと北アメリカプレート、海洋プレートの太平洋プレートとフィリピン海プレートが接する。プレートは1年に8センチほど移動し、海洋プレートは大陸プレートの下に潜りこんで、大陸プレートを押し上げたり、火山活動を活発化させたりすることで山地を造る原動力となる。また、プレートのぶつかり合いは地震の原因にもなる

この理論によって明快に説明される山のでき方は、興味深い。北アルプス、中央アルプス、南アルプスの稜線は南北に連なっているのは偶然ではなく、ユーラシアプレートと北アメリカプレートの境界にあることから火山活動や断層、隆起が盛んで形成された。丹沢はフィリピン海プレート上の海底火山だったが、北上し、約550万年前、日本列島に衝突、さらに100万年前には、南洋の島だった伊豆半島が北上して衝突、半島になったときに大きく隆起して、現在の山地の原形が造

高尾山６号路などで見られる頁岩。大きく傾いて隆起の痕を残す

られた。さらに70～20万年前、伊豆半島の北で活動を始めた火山が富士山を形づくった。

奥多摩や秩父の山では石灰岩やチャートと呼ばれる岩を見かける。石灰岩はサンゴ、有孔虫など、チャートは放散虫などプランクトンの遺骸が海底で堆積してできたもの。隆起活動で山地が形成されたことの証拠にもなるわけだが、プレートテクトニクス以前は、かつて日本列島付近にサンゴ礁があり、当時は気候が温暖だったと推測されていた。今では、これらの岩も南洋のサンゴ礁などがプレートで運ばれてきたものであると考えられている。高尾山であちこちで見られる層状の頁岩や粘板岩も、海底に堆積して造られ、堆積面に沿って薄く割れやすい性質を持ったものである。

時差登山で思いがけない山の姿が

山の表情は1日のうちでも変わる。山の上で泊まる場合は夕映え、宵闇に灯る街の明かり、満天の星や夜景、明けてゆく朝、山の上で拝む日の出など、感動的な場面に出会える。日中、明るい時間に歩くのが当たり前の日帰り登山でも、ちょっと時間をずらして歩けば、昼間からは想像できない眺めなどを楽しめる。高山では危険な夜間登山も低山ならむずかしくない。ただし、足もとが岩場だったり、滑りやすかったりする道は避ける。エスケープルートがあるなどを考慮する必要がある。歩いたことがあり、ようすがわかる山なら、さらに安心。また、グループで歩くようにしたい。

歩く時間帯だが、ひと晩中歩くのは長丁場だし、睡眠不足にもなる。朝、遅めに出発して日没後に下山するか、夜半から登って、山の上で朝を迎えてから下りる半夜行程から始めるといいだろう。登下山口までの交通機関が早朝や夜もあることもチェックポイントで、バス利用より、駅から直接、歩けたり、下山できる山が好適だ。マイカー利用の場合は駐車場が夜間閉鎖されないか確認しよう。東京近郊なら定番の高尾山など入門に最適。山頂で日の出や日没を見るのも、夜景を眺めながら歩

富士山の頂上に夕日が沈むダイヤモンド富士。高尾山では冬至の前後に見られる

くのも不安は少ない。ただし、テント泊は禁止されている。

暗い道を歩くので、ヘッドランプは必携。予備の電池なども忘れずに持っていく。夜道を歩くには明るいヘッドランプがいいように思われるだろうが、私はふつうのヘッドランプ程度がよいと思う。まぶしいほど明るいと、瞳孔が小さくなって光の範囲しか見えず、山の夜の気配が感じにくくなってしまうからだ。ヘッドランプを使うタイミングも、足もとが暗くて見えないくらいになってから。視覚が役立たない薄闇の中では、特に足裏の感覚が敏感になるし、ストックもバランス補助だけでなく、足もとを探る触覚のような働きを始めるのもおもしろいからだ。とはいえ、暗い道を無理して歩くと転倒などの危険性も高くなるので、使うタイミングは適宜、判断していただきたい。

山頂で季節の料理を楽しむ幸せ

荷物は基本的に軽くして、スピーディで、身体に負担をかけないように歩くのが中高年には望ましいと思う。しかし、いつも効率最優先、実用本位の食事ばかりでなく、余裕があるときは山での料理や食事も楽しむ、あるいは食事をメインに計画する山行も楽しいものだ。

山頂料理の定番は鍋もの。特に秋から冬は日だまりで鍋を囲むパーティも多く、山上の忘年会や新年会を開いている光景を目にする。調理がかんたんで身体が温まるキムチ鍋や豚汁が定番だが、日帰りなら保冷剤とともに持っていけば生鮮食材が傷むこともないので、いろいろな料理を試みたい。たとえばマグロのしゃぶしゃぶ。マグロをひとさく持っていき、薄切りにして、そぎ切りの白菜、ネギとともにいただいた。最後はたっぷりうまみが出た汁にうどんを入れて腹ごしらえしたが、簡単で好評だった。そのほか、チーズフォンデュ、雑煮、夏は冷たいそうめんなど、意外性、季節感なども取り入れると、より楽しい。

鍋の材料は小さめに切るか下煮して、調理時間を短縮したい。細かく切った野菜と肉をバターや

同じ素材のペミカンが豚汁、サラダ、ピザ風に変身

ラードで炒めた〝ペミカン〟も活用したい。さまざまな料理の素材に応用できて、調理の手間や時間が省けるうえ、ゴミも減らせる。人数が多い場合は大きな鍋ひとつより、小さな鍋いくつかに分けるほうが手早く、パッキングもしやすい。

食事後のゴミはすべて持ち帰るのが鉄則で、汁などを捨てていくのも厳禁。余りものが出ないように調理したい。料理とともに酒を酌み交わしながらの宴会も見かけるが、山での飲酒はほどほどに。奥多摩山岳救助隊の金邦夫副隊長は「酒を飲んで歩くのは、車なら飲酒運転で危険極まりない」と指摘する。実際に酔っていたために転んで亡くなった事故もある。私が主催する山行では、行動中は禁酒にしている。

旅感覚で山麓の見どころを楽しむ

ガンガン歩くのが若い人の特権と思ってはいないし、ひたすら山を登ることそのものに全力を費やすことから生まれる感動もあるが、ゆとりある行程で、山や麓のあれこれを楽しみながら歩くのが、中高年になるとより楽しいし、そこから山の風土が感じられたりもする。

楽しみの第一は温泉で、下山してから日帰り入浴。サッパリしたところで食事、お酒を飲める人はビールという、山・温泉・食事とビールの「黄金の3点セット」が最高の楽しみという人は多い。宿に泊まれば、温泉も山もじっくり楽しめる。奥鬼怒四湯、那須の三斗小屋温泉などの秘湯、北アルプスの白馬鑓温泉、安達太良山のくろがね小屋など温泉付きの山小屋に泊まるのももちろんいいし、登山口に近い温泉宿から日帰りで付近の山を登るのもいい。

人気の第二はおいしいもので、できればその土地の特産や地場産品を使った料理がいい。山の幸はもとより、房総や伊豆など海の幸を味わえる山もあるのは日本人の特権かも。豪華なグルメでなくても、上毛三山や中央アルプスの帰りにソースカツ丼などの手軽な料理でも楽しい。

岡本太郎も絶賛した万治の石仏（下諏訪町）

最後は麓の神社仏閣、資料館や博物館、美術館などの見どころ、店、祭りなど。たとえば諏訪は日本有数の温泉地でアール・ヌーヴォーのガラス工芸品などの北澤美術館、素朴派絵画のハーモ美術館など美術館や博物館が多いところ。霧ヶ峰の行き帰りに寄るのが一般的だが、穂高岳と焼岳を登りに行って、最終日が雨だったので登山を中止し、諏訪で途中下車し、のんびり過ごしたことがある。諏訪大社から万治の石仏、オルゴールの博物館・奏鳴館、時計の博物館・儀象堂などを巡った。儀象堂で腕時計づくりに挑戦したり、御柱祭のビデオや展示を見たりして見聞を深め、締めはもちろん温泉と信州そば。土産は8号酵母で知られる銘酒「真澄」だった。

本やビデオで山を学び、楽しむ

「まだ会ったことがない人や亡くなった人からも学べる」。以前、目にした読書のすすめである。初めにも述べたように、山は文化であり、身体を動かすスポーツの要素とともに、感性や知性の精神面が占める比重が大きい。エキスパートや先人たちの、山に対する優れた姿勢や考え方を学ぶことで、私たちの山登りもより深く、感動的なものになると思う。書籍だけでなく、山岳映画や山の紀行番組などがテレビで放送されたりビデオやＤＶＤなどメディア化され、視聴の機会に恵まれていることは現代人の特権であり、大いに活用したい。

入手しやすい書籍から、おすすめを何冊か挙げよう。深田久弥の著作は『日本百名山』（新潮文庫ほか）をはじめ、歴史や文学、植物など著者の博識と豊かな経験が織りなす紀行は読んで楽しく、学ぶものが多い。日本の近代登山黎明期のパイオニアたちは文筆にも優れていた。その中で大島亮吉は大正から昭和初期に活躍しながら、若くして亡くなったが、『［新選］山 紀行と随想』（平凡社ライブラリー）では、旅の要素も備えたハイキングから岩壁の登攀や冬山までオールラウンドな山行の記録や随想、研究などがみずみずしく融合している。エッセイストとして思索的な山の随想を多く残した串田孫一の『新選　山のパンセ』（岩波文庫）は山を登る心を透徹した視線で、深い洞察に満ちた文が多く収められ、そのエッセンスに触れることができる。一世を風靡したフランスのアルピニストで山岳ガイドであったガストン・レビュファの『星と嵐』（山と溪谷社、新潮文庫ほか）はアルプス6大北壁の登攀記録であるとともに、「山がたえず差し出してくれる数限りないよろこびをどれ一つとして拒絶してはならない」などの言葉に象徴される、彼の登山哲学を学べる好著でもある。

メディア化されている山岳映画は少ないが、同じレビュファの「天と地の間に」（アイ・ヴィ・シー）はヨーロッパ・アルプスを舞台に、彼の美しい登攀スタイルを見られるとともに、哲学にもふれられる不朽の名作である。新田次郎の小説を原作とした「劔岳　点の記」（ポニーキャニオン）は2009年の公開で、当時、未踏とされた劔岳に登頂した測量技師の実話に基づくドラマ。オール現地ロケの劔岳の映像は迫力があり、ドラマも重みがある秀作だ。紀行や自然関係のプログラムはNHKが秀作の宝庫である。代表的なところでは「日本百名山」、「日本の名峰」など国内はもちろん、「世界の名峰」など優れたプログラムが多く、メディア化されたものも多い。

■山小屋で眠れない

山での快眠は疲労回復の基本。睡眠不足では疲労も蓄積し、山行の成否の分かれ目にもなりかねない。山小屋で寝られない、最大の障害は混雑。宿泊客が多いと、寝る場所がなかなか決まらず、眠りにつけるのも遅くなる。個室を予約できる山小屋ならいいが、そうでなければ、寝床の割り当ては通常到着順なので、なるべく早めに山小屋に着くこと。予約不要の山小屋でも、予約しておくほうがスムーズな場合もある。到着が早ければ、食事も早い時間になるのも有利だ。

イビキ、話し声、パッキングの音などの騒音にも困る。私は耳栓を持っていったこともあるが、耳の異物感のほうが気になり、使わなくなってしまった。最近、形を変えて活用しているのがｉＰｏｄやウォークマンなどの音楽プレーヤー。最近のヘッドフォンの主流はカナル型（耳栓型）で、電車内などの騒音に対する遮音性が高く、音漏れが少ないことから山小屋で使っても効果が高いし、隣の人に迷惑をかけることもない。加えて、というか、こちらが本来の使い方だが、お気に入りの音楽を聴けるので、安らかに眠りに入れる。スリープモードにしておけば、自動的に電源が切れるのも便利だ。プレーヤー本体は数十グラムと軽く、コンパクトなので荷物にもならない。

しかし、朝、音楽が止まってからの騒音はいかんともしがたい。早出するのは自由だが、なぜか１時間以上もパッキングしている人などいる。パッキングはあらかじめ前夜に済ませておき、手間取るようなら外へ出てからする、ガサガサ音を立てるポリ袋ではなく、ビニール袋か防水のナイロン袋を使う、熊鈴ははずしておくなど、同宿者への心配りも大切にしたい。

9

中高年登山者のためのアドバイス

登山の健康的効果をあらためて考える

登山の基本は歩くこと。運動で言えばエアロビクス（有酸素運動）に分類される。エアロビクスは酸素をたくさん使って、長い時間続ける運動のことで、ウォーキング、ジョギング、水泳、サイクリングなどもそうだ。血液が体の隅々へ酸素を運ぶために、空気から血液へ酸素を取り込む肺、その血液を送る心臓の心肺機能が向上する。さらに、歩くことで足の筋肉とともに血管が膨らんだり、縮んだりして血液の流れをうながす。足が「第2の心臓」ともいわれるゆえんである。歩くことは足だけの運動と思われがちだが、全身を活性化させてくれる。

エアロビクスは、コレステロールや中性脂肪を分解、血管の機能を向上させる働きもあり、ストレスも解消してくれる。運動の効果として、体力を養い、疲れにくい体をつくってもくれる。狭心症・心筋梗塞などの心臓病、脳卒中・脳梗塞などの脳の病気、糖尿病といった成人病の予防効果も期待できるのは中高年には特にうれしい。登山はゆっくりした運動であり、人それぞれの体力や体調に合わせたペースで行なえ、体の負担を最小限におさえられるのも特長だ。

血行が活発になると、体の中の老廃物が運び出され、酸素が十分に供給されるので、気分もさわやかになる。フィールドは気持ちよい自然の中であり、森林浴も兼ねられるなど、精神面のリフレッシュ、ストレス解消にも有効だ。日常と異なる環境の刺激で身体や神経が活性化する転地効果は100キロ以上離れた場所に数日滞在すると効果的とされるが、都心から数十キロの高尾山を日帰りで登っても効果が感じられる。

ただ、登山は日常的な運動ではないので、健康の効果を高めるにはウォーキング、ストレッチなどを日常生活に取り入れて、ふだんから体づくりを意識していきたい。さらに食事の摂り方、栄養バランスなども考えれば理想的だ。

自立した登山者を目指して自分のスタイルで

ヨーロッパのツアー旅行に行った友人に「マドリードは行った？」と聞いたら、ちょっと考えて「行ってないと思う。マが付くところは行かなかったから」と答えられたという笑い話がある。添乗員の後をついていくだけのツアーではありがちな話だが、山でもパーティで後をついていくだけ、目的の山のコースはおろか、山の名前もろくに知らない、という人を見かけることがある。それでも、山に行かないよりはいいし、高年齢になると調べものや計画がおっくうになるとも思うが、なるべく自主的に歩いてほしいもの。ほかにも、重いからとコンロやクッカーも、テルモスも持っていないのに、しっかりとカップ麺などを持ってきて、お湯を分けてもらっている人などもいる。気心しれたパーティならまだしも、最初から人の装備を当てにしているのはどうかと思うし、こういう人たちが万一、はぐれてしまったらどうするんだろうと心配にもなる。

「連れて行ってもらうのでなく、一緒に行くという心構えで」と、よくいわれる。できる範囲でよいので、自分の力で山を登るという気持ちで、登る山の概要やコースぐらいは把握し、山行中も地

図やガイドブックを持参し、要所で目を通しながら歩きたい。そのように歩けば、人の後をついていくだけの山行より、山をより深く理解できるし、山の印象もより鮮やかなものとなる。

「でも、私にはむずかしい」という人は、高尾山の一般コースなど、危険が少ないところでよいので、ひとりで出かけることをすすめたい。計画から準備、山の中での行動など、すべて自分の力で行なうことで、山がさらにおもしろくなってくるはず。それも困難なら同じレベルの人と出かけてもよい。パーティでもそうした自主的な姿勢で臨めば、人の世話になることが少なくなるし、リーダーも連れていく張り合いが生まれて、山行に誘われることも多くなるはずだ。

自然を大切にする気配りを持とう

自然環境について、かつては「ローインパクト」、最近では「持続可能」という言葉がよく使われる。ともに人間の影響を最小限にして自然環境を護ろうという意味が込められている。山の自然はとりわけデリケートであり、環境保護が登山者のマナーにかかっている部分は大きい。たとえばゴミの持ち帰り。最近はあまり見なくなったが、ゴミを捨てていけば、美観上の問題だけではなく、それをあさる野生動物などの生態系を損なってしまう。「腐って土に帰るゴミは埋めればよい」「紙は燃やせばよい」などという人もいるが、基本的にすべて持ち帰ること。ふつうは持ってきたものよりゴミのほうが軽いはずだ。山で作った料理の食べ残しなど例外もあるが、残らないよう、考えて調理し、もし余ったら、ビニール袋などに入れて持ち帰る。

登山者による自然破壊で目立つのが、登山道からはずれて歩くために裸地が広がってしまうこと。道がぬかるんでいるから、階段が歩きにくいからなどの理由で、道をそれて、かたわらの草原や林の中を歩く。すると、そこが新たな道になってしまい、裸地が広がってしまう。階段の脇を歩くと、

土がえぐれて雨水が流れ、階段が浮き上がってますます歩きづらくなって……、という悪循環もある。同じ理由で、土の斜面、登山道では、ストックの先端にプロテクター（キャップ）をかぶせて使うことを心がけよう。

自然公園内では指定地以外でのテント泊、たき火などの火気は禁止されている。これも環境を護るために厳守したい。コンロなど安全な火器を利用しての調理はＯＫ。歩行中のたばこは山火事の原因になるので不可。これは人間へのマナーだが、煙が苦手な人もいるので、休憩場所でも気を遣って吸うようにしたい。動植物の採集も自然公園内では禁止だが、それ以外の地域でも自粛し、美しい自然を後世まで伝えたい。

インターネットで広がる登山の輪と情報

2010年現在、パソコンによるインターネットの世帯利用率は90%を超えているという。通信のコストに割高感が残るが、携帯からの利用も考えると、大多数の人がアクセス可能な環境にある。すでに活用している人が多いと思うが、利用範囲は無限と思えるほどで、ネットワークは全世界に広がっている。そうでない方は、この際、利用に踏み切ってほしい。

利用法を整理すると、メール、情報の収集、情報の発信、仲間づくり、ネット通販、地図の閲覧などさまざまだが、初めの4件について、かんたんに説明しよう。

メールは出先だと携帯のほうが便利だが、いずれにしても電話のように送受信する時間帯を気にかけなくていい、複数の相手に同時に送れる、記録が残るので待ち合わせ時間や場所の確認に便利などのメリットがある。情報の収集は、検索、登山地の自治体・警察、交通機関、観光協会、山小屋などと、個人とに大別できる。前者は登山道やアクセスの状況、観光情報、ニュースなどの閲覧、ライブカメラの映像確認などに役立ち、警察によっては登山届も出せる。個人の情報は、ホーム

ページやブログで山行記録、用具の使用記などをチェックしている人が多い。計画が先のことなら、同じ時期の前年以前の記録を、直近なら最近出かけた人の記録をなどと使い分けられる。情報の発信は、逆に自分の山行記録や写真などをホームページやブログに記せば、ほかの人の参考資料になる。収集・発信ともに、掲示板やコメントの機能を使えば質疑応答、交流などもできる。仲間づくりは、顔も素性もはっきりしないネットの相手だと不安が残るが、ホームページなどで交流を深めてからなら安心だろう。ｍｉｘｉ（ミクシィ）に代表されるＳＮＳ（ソーシャル・ネットワーキング・サービス）も、匿名で利用できる一般のサイトよりは安心感がある。

40代〜50代の中年期の体の変化

一般的な定義では、中年は40代〜50代、中高年は60代も含むとされる。文部科学省で行なっている「体力・運動能力調査」の最近の結果が興味深く、少年から青年では体力年齢が実年齢より低落の傾向、中高年では逆に上昇の傾向が見られる。主な原因として、若い世代は外遊びが少なくなるなど、運動の機会が減っていること、中高年は病気を未然に防ぐために運動習慣をつける考え方が浸透してきたことが考えられている。ただ、中高年の意識変化の背景には、将来の年金問題や医療費負担などの不安があるというのは皮肉ではある。

とはいえ、加齢によって体力が低下していくのは事実。20歳前後をピークにゆっくりと下降していくが、ペースは一定ではなく、男性は40歳で低下傾向がやや速くなり、54歳でまたゆるやかになる。女性は34歳でやや速く、51歳、更年期障害のころ、ゆるやかになり、57歳でまた加速する傾向が見られる。つまり、男性は40代初めでは青年時とあまり変わらず、女性はやや落ちていることになる。

とはいえ、実際に山を登っている人たちを見ていると、40代では、青年層に比べて大きな体力低下

40代～50代は険しい山でも特に不安なく登れるはずだ

は感じられないし、成人病などの疾患がある人も少ない。身体的機能は低下するが、経験や判断力が養われて、全体としては円熟期にあるという見方もされる。ただ、身体的に体脂肪が増えやすい年代であり、登山や日常のトレーニングとともに、食生活にも注意したい。

50代では、40代に比べ、コレステロール値が高く、高血圧、体脂肪の増加による肥満、いわゆる中年太りの傾向が顕著になる。中年太りの主な理由は基礎代謝が衰えること。基礎代謝量で最も多くのエネルギーを消費する筋肉の量が加齢により減少すること、日常生活での運動量が減少して生活活動代謝量も減少すること、基礎代謝量の減少でエネルギー消費量が少なくなったのに、食事の量が変わらないことなどがある。40代の時以上に日常の運動、食事の量や内容に気を配る必要がある。

65歳を過ぎたら注意点はいろいろ

60歳を過ぎると、中性脂肪、さらに血圧やコレステロールも増加する傾向にある。骨密度が低くなるので、ちょっとした転倒でも骨折しかねない。入院して寝たきりになると筋肉量が減りやすく、元に戻しにくくなる年代でもあるので、事故で入院したりしないよう注意もしたい。「老化は足から」といわれるのは、足から老化が進むという意味ではなく、歩けなくなると運動量が減り、老化が進みやすいという意味であることも認識しておきたい。

65歳以上は高齢者、さらに生活機能が低下して、近い将来介護が必要となるおそれがある人を特定高齢者と呼ぶ。特定高齢者に当てはまるかどうかのセルフチェックリストには「日用品の買い物ができるか」「バスや電車を利用して1人で外出できるか」「預貯金の出し入れができるか」などの質問が並ぶ。これらができないようでは体力低下だけでなく、老人性認知症も進行し、山に行くこともむずかしい状態なのだが、とにかく60代では、そうした心配が出てくる一例として受け止めたい。

実態としては、ヤマケイ登山教室などで軽登山の参加者の年齢を見ると、70歳以上はざらで、80

体力やバランスに不安を感じるようになったら高原歩きなどを主にしていきたい

歳前後の方も珍しくない。事実、65歳以上でも、前記のチェックリスト項目すべてに問題がない人が半数を占めるという調査もある。高年齢になったからといって悲観することはなく、まだまだ山登りを楽しめるし、無理のない範囲で続けていくことが健康を保ち、長生きすることにもつながる。とはいえ、自覚していなくても、思わぬ故障を抱えていることもあるので、中年のとき以上に、きちんと健康診断を受け、小さなものでも異常を感じたら病院でチェックすることも大切だ。

また、認知症まで行かなくても、記憶や判断の混乱、耳や目などの知覚やバランス感覚の低下、思い違いなども増加する。登山の計画、行動中の判断など、あわてず、しっかり行なうよう心がけたい。

健康の基本は日常の食生活

健康的な生活を送るための三大要素は適度な栄養、運動と休養である。登山や日常のトレーニングなどの運動とともに、正しい食生活を心がけよう。飽食の反省、ダイエットブームなどで食事の量を減らすほうがいいように錯覚されがちだが、問題は運動量が少ないために食べたものがエネルギーとして使われず、体の中に蓄積され、肥満や成人病につながることにある。運動を伴わないダイエットでは、体重が減る分が中性脂肪ではなく筋肉という事態にもなってしまう。適度な運動をして、運動に見合った食事を摂るのが理想だ。

栄養や食事法については、さまざまな考え方があり、スタイルも人それぞれである。ここでは、よりよい食生活のために、いろいろな食べ物を組み合わせることによって、現代の食生活で失われがちなバランスを考えたい。バランスがよい食事は成人病の予防にも効果を発揮する。

栄養素には、エネルギーのもととなる炭水化物（デンプン、ブドウ糖など）、タンパク質、脂肪の三大栄養素のほか、代謝を補助する各種ビタミン、鉄、カルシウムなどの無機質（ミネラル）などがある。便利な栄養素入りのサプリメントもあるが、最初から頼ってしまうのでなく、基本は食事で摂り、不足する場合に利用したい。この半世紀ほどの間に、日本人の食事が急速に欧米化した一方で、伝統的な日本食が健康食として見直されている。伝統食は漬物など塩分過多を除けば理想に近いが、メニューだけ見ただけではわからない部分もある。たとえば味噌汁のダシに煮干しを使い、一緒に食べることでカルシウムを補給していたのが、化学調味料では補給不可能である。

品目を多く、バランスがよい食事を心がけたい

栄養素のバランスは計算やデータでも求められるが、なるべく多くの食品を摂るなどの工夫で十分である。1日30種類以上の食品を摂るというのも、そのひとつ。各食品のバラン

スには、女子栄養大学の「4つの食品群による栄養法（以下、4群法）」が参考になる。食品の具体例を量とともに紹介していこう。

第1群は栄養を完全にする食べ物で牛乳・乳製品、卵など。1日の量は牛乳300ミリリットル、卵1個が目安。コレステロールが気になる場合は、卵を控え、牛乳は低脂肪乳にするとよい。4群の中で最も大切とされ、毎日、摂ることがすすめられている。第2群は肉や血をつくる食べ物で、魚介、肉、豆・豆製品などで、1日の量はカツオの刺身4～5切、鶏肉小1切（65グラム程度）、豆腐2分の1丁。豆類は健康によいとされる。豆腐、納豆などの豆製品も活用したい。第3群は体の調子をよくする食べ物で野菜、いも類、果物などで。1日の量はホウレンソウ3本、キャベツ1枚、キュウリ1本、ジャガイモ1個、ミカン2個。第4群は力や体温となる食べ物で、穀物、砂糖、油脂が含まれ、ご飯2～3杯、食パン1枚、食用油大さじ2。以上で1日のエネルギーの基本必要量1600キロカロリーとなる。カロリーを増減する場合は、ご飯やパンを加減するとよい。上記は一例なので、実践する際は専門書を参考にされたい。

現代の生活では外食やインスタント食品、調理済みの食品の利用も多くなりがちだが、バランスに注意して利用したい。また、酒はほどほどに、たばこはやめるのが望ましい。

知っておきたい山の用語

＊凡例　＝は同義語、→は別項目あり。ともに記された項目を参照。→P000は本書に解説があるページ

【あ】

アイスバーン　凍った路面、圧雪面。

アイゼン　靴底に着ける滑り止め。ハイキング、軽登山に多く使われる軽アイゼンは4〜6本、本格的な登山用のアイゼンは8〜十数本の爪がある。

あたま［頭］　＝ピーク

アクセス　現地までの交通を指す。

アプローチ　英語で「対象に接近する」意味から、交通機関を下りて、登山口までの道のりを指す。

あんぶ［鞍部］　稜線上の低くくぼんだところ。峠は鞍部を越えていることが多い。＝コル。

ウォーミングアップ　運動の前に軽く体を動かして温め、馴らすこと。登山ではストレッチが多く利用される。〈類〉クーリングダウン。→P94

うがん［右岸］　谷や川を上流から下流に向かって見たときの右側の岸。登りのときは逆向きになるので要注意。ガイドブックでは混乱を避けるため「左側の岸」といった表現が使われることもある。

うきいし［浮き石］　斜面などにある不安定な石のこと。不用意に乗ると転倒して捻挫や骨折の原因になったり、落石を起こしたりして危険なことがある。

エスケープルート　天候が急変したり、体調を崩したりしたときに、近道で安全に下山できるルートのこと。

えだおね［枝尾根］　→おね［尾根］

エマージェンシー・ブランケット　アルミ蒸着したポリエステルなどのシートで、ビバーク時のツェルトと同様に使われる。数十グラムと軽量コンパクトで価格も安く入手しやすい。レスキューシートなどとも呼ばれる。

えんてい［堰堤］　ダムのこと。山では砂防用の小規模なものを指す場合が多い。

おね［尾根］　山頂と山頂をつなぐ峰すじ。または谷と谷を分ける高くなった部分。＝稜線。山の骨格となる大きな尾根を主脈、主稜線など、主脈から分かれる小さな尾根を枝尾根、支尾根、小尾根などと表現することもある。〈例〉主脈を縦走する。小尾根を乗っ越す。やせた尾根。

【か】

かしら［頭］　「あたま」の誤読。＝ピーク

ガス　霧のこと。ガスのときは、目印が少ない岩礫地や草原では道を失いやすいので指導標やペンキ印に注意。

ガスカートリッジ　ガスコンロなどのボンベのこと。

かた［肩］　山頂近くに人の肩のような地形を見せる小平地。〈例〉谷川岳肩ノ広場。槍ヶ岳の肩。

かま［釜］　滝壷や淵などがお釜のように深くなったところ。

カヤト［茅戸］　カタカナで書かれるが、日本語で、ススキなど茅の類が茂った草原を指す。

からむ　→まく［巻く］

カール　氷河跡の凹地で山肌をスプーンですくったような地形を見せる。圏谷ともいう。〈例〉涸沢カール、七ツ沼カール。

かれさわ［涸れ沢］　水のない沢。

ガレ　崩壊した斜面などで岩が散乱したところ。＝ナギ。〈例〉ガレ場。岩ではなく砂利程度の細かさになるとザレ、ザラなどという。

かんてんぼうき［観天望気］　空や雲の様子を観察して天候を予測すること。

かんぼくたい［灌木帯］＝ていぼくたい［低木帯］
ギア　用具のこと。
キャンプサイト　＝ばくえいち［幕営地］
きゅうきゅうやくひん［救急薬品］＝ファーストエイドキット
キレット　稜線が切れ込んだように鋭く切れた、くぼんだところ。〈例〉八峰キレット、大キレット。
クーリングダウン　運動の後で軽く体を動かすこと。ウォーミングアップ同様、ストレッチが適する。
くさりば［鎖場］　岩場など急な斜面の登山道で手がかりの補助に鎖が設置されているところ。さらに急なところや手がかりがないところではハシゴが設置されることもある。
クライミング　＝とうはん［登攀］
けものみち［獣道］　→ふみあと［踏み跡］
げんとう［源頭］　沢の源流地帯のこと。
こうどうしょく［行動食］　登山で行動中にとる食料。
→P98
こうようじゅりん［広葉樹林］　平たく広い葉を持つ広葉樹の林。広葉樹はさらに冬も葉を付けているカシ、シイなどの常緑広葉樹、冬に葉を落とすブナ、ミズナラなどの落葉（夏緑）広葉樹に分けられる。常緑樹の葉は厚く光沢があり照葉樹とも呼ばれる。→しんようじゅ［針葉樹］
こおね［小尾根］　→おね［尾根］
コル　＝あんぶ［鞍部］
ゴルジュ　フランス語で「のど」の意味で、谷が喉のように狭くなったところ。
ゴーロ　岩がゴロゴロと敷きつめられたようなところ。

【さ】

さがん［左岸］　→うがん［右岸］
サプリメント　栄養補助食品、健康補助食品。山では速やかな疲労回復を主目的としたアミノ酸製品が多用される。→P102
ザレ　解＝ガレ

さわ［沢］　浅い谷のこと。山ではとくに上流部の谷を指すことが多い。〈例〉沢をつめて登山道に飛び出す。
さわのぼり［沢登り］　登山道のない沢を登路に選ぶ登り方。夏などは涼味満点だが、山の総合的な経験や岩登りの初歩もマスターする必要がある。沢をさかのぼることを遡行（溯行）という。
さんかくてん［三角点］　三角測量のための定点で、通常、四角柱の花岡岩製石標がある。基準の順位を示す一等から四等まである。三角点は見晴らしのよい山頂に設けられるのが普通で、一等三角点のあるピークを目指す登山者も多いが、その山の最も高いところにあるとは限らない。
さんこう［山行］　山に行くこと。
さんてんしじ［三点支持］　岩場などで行動するときの原則で、両手両足の1カ所だけを動かして行動すること。常に3ヵ所で体を支えるので、安定して安全に移動することができる。
ジーピーエス［GPS］　グローバル・ポジショニング・システム　人工衛星を利用して現在地を調べるGlobal Positioning System（全地球測位システム）のこと。登山用にはコンパクトな本体にアンテナや表示用液晶を一体化したハンディGPSが使われる。最近の携帯電話にも内蔵している機種は多い。
しおね［支尾根］　↓おね［尾根］
しごとみち［仕事道］　↓ふみあと［踏み跡］
しどうひょう［指導標］　分岐などに建てられ登山道の方向や行先を示す標識。
じゅうそう［縦走］　ピークからピークへ尾根づたいに山を歩くこと。
じゅりん［樹林］　林、森のこと。自然の状態では高度や地形によって同じ種類の木で林が占められている場合、樹林帯ということも。
しんようじゅりん［針葉樹林］　葉が針のように細い針葉樹の林。山ではオオシラビソ、コメツガなど亜高山の自然の樹林、杉、桧、などの植林が多く見られる。
しんりんげんかい［森林限界］　高山では高い木が成

育できず、ハイマツを主とした低木林や草原となり、その境目を指す。本州中部では2000～2500メートル前後だが、北へ行くほど低くなり、北海道では1500メートル以下になる。

すいちょくぶんぷ［垂直分布］　高度により植生が異なることを言う。本州中央部の場合、平地から高山にかけ、丘陵帯（常緑広葉樹林帯、ヤブツバキクラス）、山地帯（落葉広葉樹林帯、ミズナラ・ブナクラス）、亜高山帯（常緑針葉樹林帯、コケモモ・トウヒクラス）、ハイマツ帯と大きく4段階に変化する。↓こうようじゅりん［広葉樹林］、しんようじゅりん［針葉樹林］

ストレッチ（ストレッチング）　筋肉を伸ばすこと。山では登山前に柔軟性を高め、体を温める目的で、筋肉を伸ばした姿勢を一定時間たもつ静的ストレッチがウォーミングアップ、クーリングダウンに利用される。↓P94

スポーツドリンク　運動による発汗で失われた水分やミネラルの速やかな補給を目的とした機能性飲料。脱水症状からの回復、熱中症の予防にも効果があるとされる。↓P96

スタンス　↓ホールド

ストーブ　登山ではコンロを指す。

スラブ　一枚岩のこと。

せきせつき［積雪期］　山に雪が残っている時期で主として高山に使われる。平地の積雪期より長く、たとえば北アルプスでは新雪が根雪となる11月から、山がまだ残雪で覆われている5月下旬くらいまでが該当する。

せっけい［雪渓］　夏でも谷を埋めて残る雪。斜面に残るものは雪田という。

せつでん［雪田］　↓せっけい［雪渓］

そこう［遡行］　↓さわのぼり［沢登り］

【た】

たかまき［高巻き］　↓まく［巻く］

ちけいず［地形図］　↓P56/58

ちとう［池塘］　尾瀬などの湿原に見られる小さな池のこと。

ちょくとう［直登］　斜面をまっすぐ登ること。「巻く」の対義語。

ツェルト　軽量でコンパクトな簡易テント。ビバークなどの非常時に備えて携行したい。→P76

であい［出合］　本来は川の合流点を指すが、道の合流点にも使われる。〈例〉林道に出合う。

ていたい［停滞］　悪天候や体調の不調で山小屋やテントに留まっていること。

ていぼくたい［低木帯］　高山帯や風当たりが強い稜線などで高木が成育せず、ハイマツ、シャクナゲなどの低木で占められる地帯。

デポ　荷物を途中に一時置いておくこと。山頂を往復するのに不要なものを山小屋に置いていく場合や、冬の登山に備えて前もって装備の一部を荷上げしておく場合などがある。

てんきず［天気図］　地図上に各地の天気や等圧線、低気圧、高気圧、前線などを記入したもので、新聞やテレビの天気予報欄で見られる。慣れればラジオの気象通報を聞きながら自分で描くことができ、天候の予測に威力を発揮する。

とうげ［峠］　道が尾根を越えるところで、おおむね鞍部になっている。＝乗越、タワ（弛）。三ツ峠のようにピークにつけられたものはトッケ（突起）に由来し、本来の峠とは別のもの。

とうしつせいぼうすいそざい［透湿性防水素材］→P48

とうはん［登攀］　険しい岩壁、氷瀑などをよじ登ること。〈類〉ロッククライミング、アイスクライミング。

どくりつほう［独立峰］　山脈や連山をなさず、単独でそびえる山。富士山に代表される。

とざんぐち［登山口］　車道から登山道に移る地点。

とざんけいかくしょ［登山計画書］　→P114/204

とざんどう［登山道］　ハイキングや登山のコースとして使われる山道で、一般に人が並んで歩けない程度の幅のことが多い。＝トレイル。↓林道、ルート。

としょう［徒渉（渡渉）］　橋のない川や沢を歩いて渡ること。膝より深く、早い流れの徒渉は危険性が高いので注意。

トラバース　横断すること。とくに斜面に対して使われる。〈例〉岩場をトラバースして尾根に取り付く。

トレース　トレース　踏み跡。踏み跡をたどること。

トレイル　広く道を指す言葉だが、登山では登山道と同義に使われる。

【な】

ナギ［薙］　↓ガレ

ナメ［滑］　沢床の一枚岩の上を水が流れているところ。傾斜が急になると滑滝という。

【は】

ハイカー　ハイキングをする人。

ハイキング　山野を軽装で歩き回り、自然に親しむこと。本来は平野や海岸も対象となるが、一般には山登りの初歩といった意味合いで使われることも多い。

ハイマツたい［ハイマツ帯］　↓じゅりん［樹林］、すいちょくぶんぷ［垂直分布］

ばくえいち［幕営地］　テントを張る場所。水場が近く、平坦で、悪天候の影響を受けないところが選ばれる。自然公園などでは環境保護のため幕営地が指定されている。＝キャンプサイト

パッキング　↓P54

ピーク　山頂のこと。

ひじょうしょく［非常食］　ビバークなど万一の事態のために携行するもので、食べやすく高エネルギーのチョコレートや練乳などがよく使われる。↓こうどうしょく［行動食］、よびしょく［予備食］

ピストン　エンジンなどの部品のことだが、その動作から往復する意味にも使われる。〈例〉ピストン登山。

ひなんごや［避難小屋］　↓やまごや［山小屋］

ビバーク　テントなどを使わず露営すること。予定外

の場合をフォースト・ビバーク（不時露営）、予定されている場合をフォーカスト・ビバークという。→P120

ファーストエイドキット 不測のケガや病気に備えて携行する薬品類。→P124

ぶき［武器］ ハシ、フォークなど食事用具を指す隠語。

ふくりゅう［伏流］ 涸れ沢の一種だが、水が地中を流れて川床に見えないものをいう。石灰岩地でよく見られる。

ふたまた［二俣］ →分岐点。

ブッシュ ＝ヤブ［藪］

ふみあと［踏み跡］ 一般的な登山道ではなく、人が通った跡があるという程度の道。動物の通り道の「けものみち」、林業の人などが利用する仕事道などの場合もある。うっかり入りこみ、道迷いの原因となることもあるので要注意。進むうちにだんだん細くなることが多く、おかしいと思ったら引き返すのが鉄則。

ぶんきてん［分岐点］ 谷、道が分かれるところ。＝二俣

ホールド 岩場の手がかり、足がかり。手がかりをハンド・ホールド、足がかりをフット・ホールド（スタンス）と使い分ける。

ボサ ＝ヤブ［藪］

【ま】

まきみち［巻き道］ ピークなどを巻くように付けられている道。

まく［巻く］ ピークなどを直登せず、斜面を巻くように通過してやり過ごすこと。滝や岩場を直登せずに巻くことは、高巻きともいう。＝からむ。

みずば［水場］ 飲み水が得られるところ。通常、沢や湧き水が水源なので、衛生面が不安な場合は煮沸して利用する。

もくどう［木道］ 湿原やお花畑に木材を敷いた登山道。ハイカーが歩きやすいだけでなく、植物を踏みつけから保護する目的があるので、木道から下りてはな

らない。

【や】

やせおね［痩せ尾根］ ↓おね［尾根］

ヤブ［藪］ 登る人が少ない山では登山道がはっきりしなかったり、全くなかったりすることもある。通過には体力とルートファインディングの技術を必要とし、ヤブを好んで登るベテランもいる。ヤブを突破することをヤブ漕ぎという。＝ボサ、ブッシュ。

やまごや［山小屋］ 登山者用の宿泊施設。通年営業小屋、シーズンオフ閉鎖の季節営業小屋、通年無人の避難小屋、冬期開放の冬期小屋などがある。

よびしょく［予備食］ 山行が予定より長引いた場合に備えて持参する予備の食料。↓こうどうしょく［行動食］

【ら】

らくせき［落石］ 岩場やガレ場などで落下する石。小さな落石でもぶつかれば大ケガをするので、不安定な石が目立つようなところでは頭上に注意して、素早く行動したい。落石に気づいたら大声で「ラク」などと叫んで他の登山者にも注意をうながす。

りょうせん［稜線］ ＝おね［尾根］

りんどう［林道］ 本来は森林の管理、利用のために設けられた道だが、一般には山間の未舗装の車道を指す。

ルート 道筋、経路。

ルートファインディング 正しいルートを見つけだす技術のこと。とくにヤブの中や踏み跡が残りにくいガレ場、岩場などでは慎重にルートを見極める必要がある。

レイヤード 重ね着。↓P52

レスキューシート ↓エマージェンシー・ブランケット

[資料] 無雪期登山装備チェックリスト

■ウェア	
登山シャツ＊1	●
ズボン	●
Tシャツ、肌着＊2	●
防風ウェア＊3	●
防寒ウェア＊4	●
帽子	○
着替え	△
機能性タイツ	△
手袋	○
靴下	●
■行動用具	
軽登山靴	●
ザック	●
スパッツ＊5	△
雨具＊6	●
ザックカバー	●
ストック	○
サングラス	△
水筒・魔法瓶（テルモス）	●
ヘッドランプ（懐中電灯）＊7	●
予備電池・電球	●
ナイフ	●
ビニール袋	●
ガイドブック	●

地図	●
コンパス（磁石）	●
時計	●
筆記用具	●
軽アイゼン	○
■食料・炊事用具	
食料	●
ライター	○
コンロ、燃料	○
クッカー、カップ	○
■生活用具、その他	
タオル	○
バンダナ	○
トイレットペーパー	●
日焼け止め・リップクリーム	△
洗面用具	△
虫除け	△
カメラ・付属品＊8	△
携帯電話・予備バッテリー	○
■非常用品	
ファーストエイドキット	●
持病薬・常備薬	●
健康保険証（コピー可）	●
非常食	●
ツェルト、レスキューシート	○

●は必携品、○は持っていった方がよいもの、△はコースや季節によって必要なもの。

＊1：高山や秋冬は長袖、速乾性素材かウールで保温性を備えたもの。
＊2：速乾性素材のもの。
＊3：透湿性防水素材の雨具で兼用可。
＊4：フリース、薄手のキルティング、セーターなど。
＊5：靴の中に砂礫や雪が入るのを防ぐほか、泥道での汚れよけにも。
＊6：透湿性防水素材のセパレーツ型を推奨。
＊7：LED使用のヘッドランプを推奨。
＊8：付属品は予備バッテリー、記録メディア、フィルムなど。

御中　　　　年　月　日

登山計画書（届）

代表者氏名	緊急連絡先
グループ名	電話（昼）
所在地	（夜）

目的の山域
山名

役割	氏名	生年月日 年齢	性別	血液型	現住所 電話・携帯電話	緊急連絡先（間柄） 電話または住所

山行期間　　年　　月　　日～　　年　　月　　日（ほかに予備日　　日）	
行動予定	
月　日	
月　日	
月　日	
月　日	
エスケープルート（緊急時・計画変更時の下山ルート）	
食料　　　食分　（ほかに予備食料　　　食分　／　非常食　　　食分）	
テント　　　人用　　　張・ツェルト　　　張　／　コンロ　　　台・燃料　　　日分	

●提出方法などは114ページ参照。
●留守家族、所属団体へも必ず渡しておくこと。
●グループではない場合は「無所属」と記入。
●役割は「チーフリーダー（CL）」「サブリーダー（SL）」「装備」「食料」など。
●悪天時、緊急時などのエスケープルートを事前に検討し、必ず記入する

あとがき

初めて自分で山を登ってからちょうど40年が経ちました。その間、国内の各地はもとより、海外にも足をのばすなどして、歩き続けてきました。先日、友人と日本百名山をいくつ登っているかが話題になり、数えてみたら93山に登頂。複数回、登った山もあり、登頂の回数はのべ300回に及びました。登った山はもちろん、百名山以外のほうがずっと多く、この本を書いている間にも、それらの山々の美しい景色や花、同行した方たちのうれしそうな表情が脳裏を横切っていきます。

私がこうして登り続けてきたのは、山の魅力がそれほどに大きく、若いころにも、中高年の仲間入りをしてからも、それぞれに楽しみを提供してくれるからにほかなりません。ちょっと無味乾燥な言葉ではありますが、山は生涯教育の優れた場ともいえます。しかも、楽しみながら健康になれるのですから、最高の趣味だと思います。基本的に山を歩くことに特別な技術は不要で、慣れればだれにでも楽しめるのですが、山に限らず、最初は敷居が高く感じるものです。素敵な山の世界に足を踏み入れるきっかけに、そして、歩き始めたら、いろいろな山の楽しみ方をしていただくヒントになればと、心をこめて、この本を書きました。みなさんが楽しく、充実した山歩きをされることを願っています。

わかりやすく楽しいイラストを描いてくださった中尾雄吉さん、超遅筆の私をやさしくフォローしてくださった編集の米山芳樹さん、山と溪谷社の萩原浩司さんに心から感謝します。

中高年に贈るラクラク登山術

二〇一〇年九月一日　初版第一刷発行

著　者　石丸哲也

発行人　川崎深雪

発行所　株式会社　山と溪谷社

〒一〇二－〇〇七三

東京都千代田区九段北四－一－三　日本ビル八階

■ご購入と商品に関する問合せ先

山と溪谷社カスタマーセンター　☎03-5275-9064

FAX03-5275-2443

■書店・取次様の問合せ先

山と溪谷社受注センター　☎03-5213-6276

FAX03-5213-6095

http://www.yamakei.co.jp/

印刷・製本　大日本印刷株式会社

ISBN978-4-635-04806-4

定価はカバーに表示してあります